CINQ TÉLENCÉPHALES

CINQ TÉLENCÉPHALES
Hugo Daphnis

TITAN-ATLANTE E.

DU MÊME AUTEUR :

L'homme abstrait, *essai,* 2000

Complémentarité, *essai,* 2013

Tous droits réservés. Toute reproduction, même partielle, de cet ouvrage est interdite. Une copie ou reproduction par quelque procédé que ce soit, photographie, photocopie, microfilm, bande magnétique, disque ou autre, constitue une contrefaçon passible des peines prévues par la loi du 11 mars 1957 sur la protection des droits d'auteur.

ISBN 2-9517961-2-9

ACTE I

L'action prend place au coeur d'un paysage noir et vide.
Au centre de la scène, une énorme locomotive, débarquée encore toute chaude d'un western, repose sur une portion de rail. Un vieux wagon de première classe est accroché à l'arrière. Les rails se prolongent uniquement vers l'avant. Ils s'arrêtent net au niveau des essieux arrière.

SCÈNE 1

Au moment où le rideau se lève, la scène est remplie de vapeur, et l'on ne peut distinguer qu'une ombre imposante : la locomotive. Des jets de vapeur continuent de frapper le sol pendant quelques secondes, puis la vapeur doucement se dissipe.
Apparaît alors une femme, un pied sur le sol et un pied sur la dernière marche du wagon. Vêtue simplement, elle arbore fièrement un visage soucieux. Elle porte en bandoulière un petit sac à main bien rempli. À l'avant de la locomotive, un jeune homme est affairé la tête plongée dans le moteur de la locomotive. Il extrait une à une les pièces du moteur de l'engin et les dépose en

cercle autour de lui.

Après un temps d'arrêt, la femme descend la dernière marche de l'escalier et s'avance vers le centre de la scène en tentant d'accélérer la dissipation de la vapeur avec de rapides mouvements de la main.

Elle s'immobilise un instant, le temps pour la vapeur de s'évaporer entièrement, puis s'avance vers le jeune homme.

LA FEMME : Quelle heure est-il ?

L'homme répond par un grognement sans retirer la tête de la carcasse.

LA FEMME : Pardonnez-moi jeune homme, mais pourriez-vous me donner l'heure, s'il vous plait ?

Silence.

LA FEMME : S'il vous plait... Est-ce que quelqu'un... L'heure...

L'homme semble agacé. Il dépose violemment une pièce du moteur sur le sol.

LA FEMME : Mais enfin, quelqu'un pourrait-il m'indiquer l'heure qu'il est ?

La locomotive siffle trois fois.

L'HOMME, *sans lever la tête :* Il est trois heures un quart... Elle retarde.

Silence.

LA FEMME : Merci.
Merci beaucoup.
Si je vous demande ça... c'est à cause de... c'est parce que... il est

parti avec ma montre, le pleutre ! Lui qui a horreur de ça, donner l'heure. Vous savez ce que c'est les hommes ? Toujours à vouloir chiper quelque chose, en souvenir. Des sentimentaux...

Silence.

LA FEMME : Je... je vous demande pardon, vous disiez ?

L'homme ne prête aucune attention à ce que dit la femme. Celle-ci, vexée, fait quelques pas en regardant distraitement autour d'elle.
Un instant passe, et l'homme s'empresse de poser son oreille tout contre la locomotive.

L'HOMME Chut !

L'homme, l'oreille posée tout contre l'acier de la locomotive, écoute.

LA FEMME : En tout cas, ça n'est pas moi qui vais le plaindre. Il n'a qu'à accepter ses responsabilités. Si ça l'intéressait tant que ça de garder un souvenir de moi, il n'avait qu'à me le prendre en garde. Il n'avait qu'à s'occuper de lui, pour une fois !
Il n'a jamais voulu reconnaître son existence. Il n'a jamais voulu reconnaître que ça soit sorti de moi, de mon corps, pour apparaître ainsi fait. Et j'ai beau l'espérer plus fort chaque jour, ce n'est pas aujourd'hui encore que ça va changer.
S'il pouvait au moins accepter l'idée qu'il vit dorénavant comme nous autre, et pour un petit bout de temps encore. Bon dieu, il n'est pas là par hasard ! Il a bien fallu qu'à un certain moment nous soyons deux. Deux individus proches, très proches. Deux êtres inconscients du danger à venir. Mais deux êtres conscients, pour sûr, du plaisir

extatique de l'instant présent ! Du plaisir lorsque deux être se touchent, s'enroulent, se mélangent...
Ah, putain de plaisir ! Putain de mélange ! Putain de conscience !

L'HOMME : Chut !

Silence.

L'HOMME : Mais taisez-vous donc !

LA FEMME, *tout de suite :* Vous croyez que l'on va rester encore longtemps ici ! C'est que j'ai encore tant de choses à faire, tant de chose à découvrir, tant de choses à vivre aussi, avant que la nuit tombe. Vous savez ce que c'est, la nuit qui tombe ? *(Soupir)*
(Mécaniquement) Quand j'étais petite, j'ai élevé deux papillons, un bleu et un rouge. Sauf que le rouge, il est mort. J'ai bien cru que le bleu, lui aussi, allait mourir. Je me suis aperçu qu'il allait mal le jour où il a gagné au cricket. Quel jeu idiot ! D'habitude, je gagne tout le temps ! En fait je n'ai perdu qu'une seule fois. Et je crois bien qu'il avait triché. Maintenant, il est accroché près du rouge, dans un cadre très joli, près de la fenêtre.
Par laquelle quelquefois je regarde la nuit qui tombe...

Pendant que la femme parlait, l'homme, cherchant à atteindre une pièce du moteur, a presque entièrement disparu dans ce dernier. Seules ses jambes dépassent encore.

LA FEMME : Il y a des fois, j'ai l'impression que vous ne m'écoutez pas. C'est agaçant. Vous croyez que c'est bien d'agir ainsi ? Vous pourriez au moins faire semblant.

Le mariage, ça se respecte !

Silence.

L'HOMME, *voix caverneuse* : Merde ! Mais qu'est-ce que c'est que cette grosse merde ! Mais qui a bien pu coincer cette grosse merde juste ici ?

La femme s'impatiente. Elle tourne de rage. Énervée, elle frappe fort du pied la locomotive. Celle-ci émet un sifflement violent suivit d'un gigantesque craquement. L'homme sort d'un coup du moteur en tenant à la main une petite tétine. Il en tombe a la renverse.
La femme n'a pas bougé. L'homme se redresse.

L'HOMME : Qu'est-ce que c'est que ça ?

Silence.

L'HOMME : Mais, qu'est-ce que c'est que ça ?

Silence.

LA FEMME, *qui sourit* : C'est une bielle.

L'HOMME : Ah oui ? C'est étrange. Elle ne ressemble pas aux bielles habituelles. J'aurais même plutôt dit...

LA FEMME, *agacée* : Bien sûr que non ! Bien sure que non ! Ça n'a jamais été une bielle, bordel de dieu !
J'ai dit une bielle comme j'aurais pu dire autre chose. Réfléchissez un peu au lieu de vous plonger dans votre délire. Arrêtez de feindre la folie chaque fois qu'un élément perturbe votre raison. J'ai dit une bielle, c'était histoire de dire un truc. Si vous êtes insensible à la futilité de ce genre de remarque, taisez-vous ! Ce sera toujours ça de

gagné.

Enfin ça me semble évident. Il s'agit tout de même d'une locomotive *(elle touche la locomotive de la main)* et non d'un *(sifflement grave de la locomotive)*.

Silence.

LA FEMME : Non. C'est probablement une tétine pour bébé. J'en ai déjà vu, vous savez ? Et je peux vous dire que si ça n'en est pas une, ça y ressemble fortement.

Silence. La femme sourit tendrement en attendant une réponse.

L'HOMME : Je...

LA FEMME, *tout de suite* : Vous quoi ? Mais, allez, excitez-vous un peu ! Ça n'est pas en vous prélassant au coeur de cette posture inopportune de prostré que vous allez réussir à avancer courageusement et fièrement dans le cours de votre vie ! Il faut réagir, merde !

L'HOMME : Je sais !
Je sais.
C'est juste que j'avais cru reconnaître celle de mon...

LA FEMME, *tout de suite* : Celle de vôtre ? Celle de votre fils, allez dites-le. Ayez au moins le courage d'avouer que vous avez un fils, un fils vivant, un fils malheureux, un fils qui a besoin de son père. Un fils que vous vous efforcez d'éviter, lâchement.
Ah, c'est petit !

L'HOMME, *interloqué* : Qu'est-ce qui est petit ?

LA FEMME : Un père ne peut pas vivre bien longtemps en espérant ignorer le résultat de ses actes passés.

L'HOMME : Putain, qu'est-ce que tu veux dire par là ?

LA FEMME : Tu le sais très bien.
Tu m'agaces à vouloir constamment simuler la démence. Tu m'agaces de tenter régulièrement d'ignorer ton fils...

L'HOMME, *agacé :* Merde alors, qu'est-ce que vous avez comme ça à me parler de mon fils ? C'est agaçant. Mon fils est avec ma femme !
(Il se reprend et devient presque attendrissant.) Je les ai perdus de vue depuis longtemps. Est-ce que vous pouvez vous imaginer ça ? Je ne les vois plus. Je ne les prends plus dans mes bras. Je ne les serre plus tout contre mon coeur. Je ne connais plus d'instants où l'amour et la tendresse éclairent ma vie banale et ombragée ! Je ne reconnaîtrai même plus mon fils, si je le voyais. *(Il soupire.)* En réalité, si mon enfant est avec ma femme en ce moment, si mon fils est à ses cotés plutôt qu'aux miens, c'est parce que, le temps ayant fait son ouvrage, les péripéties étant ce qu'elles sont, j'ai été profondément contraint de la quitter.
La femme que j'ai aimée. La femme que j'ai embrassée, que j'ai... pénétrée. La femme qui maintenant cherche plus que tout à m'ignorer. Je crois qu'en réalité, elle a toutes les raisons de le faire.
Je regrette. Je le regrette vraiment !
Elle parvenait tant, encore, à grand renfort d'illusions convenues entre elle et moi, à apparaître délicieusement, chaque jour plus fort encore, telle une charmante femme attentionnée, s'agitant de toute sa perspicace

mesure pour me faire plaisir, pour me rendre heureux.

C'était avant, bien entendu, avant que nos routes divergent.

C'est pourquoi, quand vient le temps maudit des souvenirs saisissants, quand viennent les heures désespérantes de nostalgie dégoulinante, j'essaie par tous les moyens de ne pas y être trop affecté. Et je jouis de l'instant qui m'est prêté pour vivre, en me remémorant ces moments désespérément clos, ces souvenirs caducs d'une époque révolue, quand l'harmonie régnait dans un couple uni, pour le meilleur...

C'était le bonheur.

Silence.

L'homme ferme les yeux.

L'HOMME : SEXE, PÉNIS, VAGIN, VULVE, ENFANT ! *(La femme sursaute, effrayée. L'homme ouvre les yeux.)* Oh, pardon ! Pardonnez-moi. Je suis désolé. Je suis distrait. Je rêvais. Je songeais à ma... ma nuit de noces.

LA FEMME : Vous êtes marié ?

Silence. L'homme regarde la femme d'un air dubitatif.

L'HOMME Je songeais à ma nuit de noces. Il m'y est arrivé quelque chose. Quelque chose qui sort de l'ordinaire. De stupéfiant même ! Vraiment.

LA FEMME, *très excitée :* Mais quoi, mais quoi ?

L'HOMME : Mais enfin, taisez-vous ! Laissez-moi m'exprimer, bordel ! Arrêtez de vous exhorter pour un rien. C'est agaçant ! Ce n'est pas en conservant cette posture d'excitée que vous allez réussir à avancer sereinement dans le cours de votre vie !

Je reprends.

Donc, je me trouvais pour la première fois allongé lascivement aux cotés de ma femme...

LA FEMME : Chloé ?

L'HOMME, *agacé* : Mais enfin, vous êtes folle ou quoi ? Comment pouvez-vous savoir qu'elle s'appelle Chloé ? On ne se connaît même pas.

LA FEMME : Excuse-moi mais...

L'HOMME, *il hurle* : NON !

Silence.

LA FEMME : Chloé c'est moi...

L'HOMME, *il se prend la tête dans les mains* : Non...

LA FEMME : Si... C'est moi...

L'HOMME : Ça n'est pas raisonnable. Ça n'est pas logique... Ça n'est pas possible.

LA FEMME : Et pourquoi, s'il te plait ?

Silence.

L'HOMME, *doucement* : Parce que tu es mort. *(Il baisse la tête.)*

LA FEMME : Morte, parce que tu es morte, c'est au féminin. Je suis une femme.

L'HOMME, *qui relève la tête :* Vous êtes infâme.

LA FEMME : Oui ! Et je suis une femme bien vivante ! Je ne vois vraiment pas ce qui a bien pu te faire croire le contraire.

L'HOMME, *troublé :* Le soir, la nuit, qui tombe, moi, seul... J'étais assis, par terre. Je ne faisais rien de particulier. Je me contentais d'exister. Et je faisais des efforts pour ça. Quand soudain, le téléphone a sonné. Je me suis alors précipité pour répondre. Précipité pour savoir qui est-ce qui appelait, qui m'appelait, moi !
Et mon petit doigt de pied a cogné un des pieds du petit meuble sur lequel repose le téléphone. Une douleur atroce... Ça fait mal... très mal. Mon petit doigt de pied tout endolori...

La femme s'impatiente.

LA FEMME : Bon...

L'HOMME : J'ai alors approché la main du téléphone. Mon petit doigt de pied me faisait souffrir effroyablement. C'était terrible. Terrible !

LA FEMME : Bon !

L'HOMME : Et alors... j'ai décroché. C'était un homme... qui m'a dit que tu étais morte.

LA FEMME : Et ?

L'HOMME : Et tu étais morte, vraiment.

Silence.

LA FEMME, *soupire :* Votre histoire est sordide.

L'HOMME : Sans doute, mais c'est la vérité... la vérité toute nue... l'ignoble vérité. Il faut bien apprendre à l'accepter la vérité. On ne peut pas l'éviter. On ne peut pas vivre simplement dans la perpétuelle illusion. Ou alors voila bien la vie sinistre d'un mythomane, d'un homme volontairement ignorant, d'un homme veule et petit.

(Inspiré) La vérité est l'unique fondation solide sur laquelle on peut, posément, édifier quelque chose de... probant, quelque chose d'honnête. La vérité est ce vers quoi toute personne consciente devrait tendre... car, en lui permettant d'avancer posément dans le cours de sa vie, c'est ce qui lui procurera toujours plus de satisfaction... et de bonheur... Non...

(À la femme.) Non, la vérité, la quête de la vérité, voila ce qui nous maintient simplement en vie, en jouant insidieusement avec les conséquences de notre curiosité instinctive ! Par-dessus tout ! N'est-ce pas ?

La femme baisse la tête. L'homme la regarde.
La femme hésite, puis se retourne et s'avance vers la porte du wagon.
L'homme se replonge dans son travail, et se remet à extraire les pièces du moteur qu'il dispose autour de lui.
La femme s'assoit sur la dernière marche du wagon. Elle regarde distraitement tout autour d'elle.
Au bout d'un instant, elle se lève, se dirige vers l'homme en cherchant quelque chose dans son sac. Elle en sort une matière gluante qui s'étale sur le sol.

LA FEMME : Qu'est-ce... qu'est-ce que... Qu'est-ce que c'est que ça ? Mais d'où ça sort ? C'est dégoûtant, qui a mis ça là ? Attention !

La matière gluante coule sur le sol et atteint les pièces démontées de la locomotive.

L'HOMME, *voyant ses pièces engluées :* Eh ! Attention ! Mais, c'est quoi ça ? C'est... C'est qui ?

LA FEMME, *embêtée et s'empressant de le ramasser :* C'est mon fils. C'est mon petit. Ça n'est rien. Ne vous inquiétez pas. Il bouge encore. C'est mon mari qui a dû le mettre là. Il n'est pas bien mon mari.

L'HOMME : Ça m'a tout englué ! Regardez ça, regardez le chantier ! Comment voulez-vous qu'après ça je fasse du bon travail ?

LA FEMME, *accroupie, essayant de balayer avec ses doigts* : Je vais le ramasser. Ne vous inquiétez pas. Il bouge encore. Je m'en occupe.

L'HOMME, *un instant silencieux, embêté, il regarde la femme affairée* : Ça n'est pas grave ? Ça n'a pas l'air de tacher. De toute façon, j'avais l'intention de tout nettoyer une dernière fois avant de tout remonter. Ne vous inquiétez pas.
(Il se met accroupi, et aide la femme à le ramasser.)
Vous... Vous dites que c'est votre fils. Et votre mari l'a rangé dans votre sac ? Ça dépasse l'entendement. Il n'aurait vraiment pas dû.
(Il se redresse.) Mais il a sans doute ses raisons. Tout le monde a de bonnes raisons. Il a peut-être voulu essayer de le mettre à dormir, là, comme ça. Je ne sais pas. Je ne le défends pas. Loin de moi cette idée, mais... il faudrait plutôt essayer de le comprendre au lieu de tout lui

reprocher en bloc.

(Il se remet à l'ouvrage.) A-t-il seulement le temps ? A-t-il seulement l'envie, ou bien l'opportunité de s'occuper de ce, de cet... enfin de s'en occuper.

LA FEMME, sans *le regarder* : Quand on a le temps de le faire, il faut trouver le temps de s'en occuper.

L'HOMME, *énervé :* Vous êtes dans le même cas que lui, non ? Vous avez trouvé le temps de le faire aussi ?
Dans ce cas, si c'est comme ça que ça marche, vous devriez vous ravir d'avoir la tache de vous occuper de cet enfant.

(Il se redresse) Et ne tentez pas comme ça de vous soustraire à vos devoirs de mère ! Vous avez des responsabilités maintenant ! Vous vous devez de lui procurer de l'amour, de la tendresse, et toutes ces sortes de choses que seule une mère peut lui fournir ! Si vous ne le vouliez pas, il fallait y penser un peu plus tôt, du reste avant de le concevoir.

(Il se remet à le ramasser) Non mais c'est vrai ! Vous paraissez subir entièrement ce que vous vivez. Mais il y a bien un moment où vous étiez consciente de ce que vous étiez en train de faire ? Vous avez même été comblée par votre conscience en y prenant plaisir, non ?

Silence. La femme interloquée et méchante fixe l'homme dans les yeux. Elle se lève.

L'HOMME, *gêné et calmé.* S'il vous gêne à ce point, vous... Vous pourriez demander à votre mari de venir le reprendre, de vous en débarrasser. Ça vous soulagerait.

Vous pourriez lui en parler, non ?

LA FEMME : Qu'entendez-vous par "lui en parler" ?

Silence.

La locomotive siffle quatre fois.

L'HOMME : Il est quatre heures.

LA FEMME : Moins le quart.

L'HOMME, *qui se lève :* Non non, c'est réparé... petite soeur.

La femme baisse les yeux, puis se reprend.

LA FEMME : Vous ne manquez pas d'audace ? Vous n'avez peur de rien ? Vous, tu... tu oses encore m'appeler petite soeur, après tout ce qui s'est passé ?
Mais attends ! Reprends-toi ! Je veux plus que tout oublier cette affaire sordide et ambiguë et tu me la rappelles sans cesse ? Ce n'est pas correct de ta part, pas très sportif ! Ce n'est pas justifié par toutes tes brimades passées. Moi, au moins, je veux vivre au-delà de ce que le destin m'a préparé. Je veux vivre heureuse, loin des ratés du passé. Quel esprit facétieux peut ainsi t'inspirer, bordel de dieu ?
Cet esprit infect qui nous a mené là où nous sommes ne peut que te corrompre à mon coeur dépassé. Oui, tu m'as quitté ! Oui, tu m'as laissé en bien mauvaise posture. Toi qui te disais homme supérieur, homme de peu de foi.
Souviens-toi de notre idylle malsaine, ou presque tous les jours, et chaque fois plus fort encore, tu m'as appelé en haletant, en soupirant, en ahanant. Mais qu'est-ce qui peut bien te faire penser que j'accepte

cette vie telle que tu la conçois pour moi. Un jour "petite sœur", et le jour suivant bien plus proche encore, jusqu'au malaise.

Tu joues avec moi, avec mon âme, avec mon corps. Avec mon corps qui a subi jour après jour les transformations que tu y as incitées violemment, insidieusement, jusqu'à la libération... pour un autre bagne.

Pour deux secondes de plaisir extatique, pour deux secondes, tu as osé modifier la vie que je tentais posément d'édifier de la plus calme et la plus sereine des façons. Tu as bouleversé mon être, en y essayant de jouir de ton pouvoir, ignoble et sublime, de géniteur incestueux.

J'ai peur. Dorénavant, j'ai peur d'avoir trahi ma propre soumission, volontaire et bénéfique, aux occurrences d'un bonheur entier. J'ai peur d'avoir arrêté ma propre progression vers un idéal secret. Je ne serai plus jamais heureuse, comme j'aurais pu l'être si, un soir d'il y a une année au moins, tes hormones étaient restés à l'état de migrateur... sans but.

Jusqu'à ma mort, je vais ressentir le poids pesant de ma destinée gâchée. Jusqu'à ma mort, jusqu'à ma disparition, jusqu'à celle qui surviendra, sournoise et ambitieuse, au détour d'une impasse... mon impasse... vitale... Après quoi, lorsque je ne serais plus qu'une entité abstraite dans la mémoire de certains, j'aurais disparu de l'existence, de la vie... de l'amour... J'aurais cessé de pouvoir... de vouloir... d'aimer... de vivre...

Non... après tout ça, c'est certain, je ne veux pas mourir... Je ne peux pas mourir !

L'HOMME, *distrait :* Plait-il ?

LA FEMME : C'est... C'est difficile à dire, mais c'est plutôt facile à comprendre. Je ne veux pas mourir, jamais. Je ne veux pas disparaître de l'existence, de la vie, me retrouver comme une aura, dispersée au sein d'un imbroglio d'abstraction, inconsciente, anéantie.
Je ne <u>peux</u> pas mourir.
Jamais...

L'HOMME Mais, tu es en train de mourir !

LA FEMME, *qui sourit doucement :* Quoi ? Qu'est-ce que tu racontes encore maintenant comme conneries ?

L'HOMME : Tu es en train de mourir, là, en ce moment. Sauf que tu ne le vois pas. La progression de ta disparition programmée est très lente.
Tes muscles s'étiolent, ta peau se détend, ton corps part en charpies. Tu es en train de perdre peu a peu, insidieusement, le pouvoir de régénération de toutes tes cellules.
Tu es en train de mourir.

La femme devient sérieuse, angoissée. Elle se tâte le bras, le visage.

LA FEMME : Tu plaisantes ? Tu veux rire ? C'est la grosse rigolade ! Comme si... Mais non... Je ne peux pas... Je ne veux pas ! C'est impossible.
Attends. Arrête. Tu veux me faire croire que... l'anéantissement, l'irrévocable disparition de mon apparition bienheureuse dans la vie... progresse naturellement ?

L'HOMME : Depuis le début, depuis ta naissance.

LA FEMME : Mais ce n'est pas vrai. Mais je ne veux pas. Mais je... C'est terrible !

La femme se touche les bras, le cou, le visage.

LA FEMME : J'ai peur. J'ai vraiment peur, de n'être... de ne plus être... rien du tout.

J'ai peur de disparaître de la vie. J'ai peur de disparaître pour toujours ! Et cette l'éternité qui s'annonce hors de moi...

Je n'arrive pas à concevoir clairement et distinctement qu'un jour je n'étais pas, et qu'un autre jour je ne serais plus.

Non ! Pour moi, l'existence de l'univers commence à ma première prise de conscience et continue évidemment jusqu'à effleurer... l'éternité.

Enfin, bien évidemment, comment pourrais-je n'être pas ?

Je suis immortel, c'est certain. Je ne me considérerai jamais comme mort, c'est entendu. Comment pourrais-je parvenir a concevoir cela... la conscience de ma propre mort. C'est impossible ! Et si c'est impossible, c'est que mon immortalité va de soi. Elle ne peut qu'être, car je ne peux qu'être...

L'HOMME, *agacé* : Ca suffit ! Arrêtez ! Reprenez-vous ! Ça ne se fait pas d'exciter sa désespérance ainsi ! Vous vous méprenez sur l'orientation effective à donner à votre trop courte vie. Désespérer est à ce point inutile que si vous continuez dans cette voie-là, vous risquez gros. Ce n'est pas sain !

Il faut absolument que vous arriviez à contrôler votre incidence maligne au désespoir. Il faut contrôler ! Contrôler ! Le contrôle voila ce qui est fondamental à une éthique de vie viable. Il faut que vous

parveniez à maîtriser vos élans malheureux envers le vide métaphysique... qui nous contient tous, hélas...
Grand dieu, reprenez-vous !

LA FEMME : Il est bien plus facile de se laisser glisser dans le cocon molletonné de la désespérance, plutôt que de résister vaillamment, et espérer asseoir un contrôle complet sur son désespoir. *(Elle toussote.)*

L'HOMME : Et bien, dans le cas où cela vous semblerait au-dessus de vos forces, vous pourriez vous fondre dans une communauté aux idées originales arrêtées. Ça peut être une solution. La religion, vous n'y avez jamais pensé ? La religion, comme guide des consciences. L'esprit de religiosité apportant sur un plateau des raisons fondamentales indubitables qui permettent enfin de soutenir harmonieusement l'édifice génial formé par tout ce bordel. Une bien belle chose a l'origine.
Pourquoi n'essayez-vous pas de vous plonger ingénument dans les explications ivres de naïveté des religions officielles ?

La femme semble surprise.

LA FEMME : Ça c'est trop fort ! Me dire ça à moi, à moi ! Mais vous m'avez bien regardé ?

L'HOMME : Je...

LA FEMME, *à part :* Alors ça c'est trop fort !

L'HOMME : Mais je croyais que...

LA FEMME : Rien du tout ! Vous avez devant vous une monothéiste fervente et convaincue, et vous prétendez pouvoir en douter.

L'HOMME : Mais enfin, vous disiez...

LA FEMME : Et en plus vous insistez ?
Vous me décevez. Vous n'êtes pas plus perspicace et sensible que n'importe quel quidam, projeté arbitrairement au coeur de ces putains de péripéties ! Je vous méprise.
Puisque c'est ainsi, je pars.

La femme fait quelques pas vers une coulisse, regarde autour d'elle, puis revient sur ses pas.

LA FEMME : Par ce train ! Je pars par ce train. Quand il sera réparé.

L'HOMME : Je ne voulais pas vous froisser, loin de moi cette idée. Mais quand vous avez dit que...

La femme regarde l'homme d'un air menaçant.

L'HOMME : Quand vous avez dit...

Silence.

L'HOMME : Mais la religion n'est pas censée vous apporter de l'espoir et de la sérénité en ce qui concerne la vie après la mort ?

LA FEMME : Soyons sérieux.

Silence.

L'HOMME, *stupéfait* : Mais alors à quoi vous sert votre monothéisme fervent ? À quoi donc peut bien vous servir votre putain de religion ?

LA FEMME, *gênée* : À quoi me sert ma merveilleuse et sublime ferveur ? Vous m'avez bien demandé à quoi sert cet artifice sublime ? Mon jeune ami, voilà bien la première fois que l'on me pose une question pareille, aussi naïve !

L'HOMME : Alors ?

La femme rit grassement.

L'HOMME : Alors!

LA FEMME : Et que vais-je bien pouvoir vous répondre ?
Je pourrais... je pourrais annoncer avec une once de fierté dans la voix que cela me sert à vivre heureuse. Et ça serait raisonnablement vrai. Mais la question a ceci de naïf que je ne peux y répondre qu'en énonçant la liste des occupations qu'occasionne l'incidence de la religion dans ma vie. *(Elle toussote.)*
Ainsi, elle procure des habitudes, des pulsations cycliques, à mon existence. Elle m'offre la possibilité d'une occupation distrayante chaque fin de semaine. Elle m'octroie des raisons de me divertir, de me réjouir, de m'habiller les jours de baptême, de mariage... et de funérailles. C'est ça. La religion permet d'occuper mes sens pour qu'il n'aille pas se perdre dans des digressions malheureuses et néfastes pour mon être...

L'HOMME : Mais ça vous apporte de l'espoir en ce qui concerne la vie après la mort et toutes ces sortes de choses !

Silence. La femme détourne le regard. Elle regarde au plafond en inspirant profondément, puis se tourne vers l'homme.

LA FEMME, *menaçante* : Au fait, j'aurais une question à vous poser, une question cruciale, une question de principe même. Surtout n'y voyez pas une attaque personnelle, mais...

L'HOMME : Quoi ?

Silence.

LA FEMME, *toujours menaçante* : C'est-à-dire que... Je ne voudrais surtout pas... Mais... Me comprenez-vous quand je vous parle ? Je veux dire... C'est difficile de vous l'expliquer sans avoir l'air de vous prendre pour un... enfin... vous voyez ?
Parlez-vous couramment le français ?

L'HOMME : Je... Mais, je ne vous... Alors ça c'est la meilleure. On parle du fondement intime de la survie en ce bas monde qui, malgré toutes les tentatives infructueuses d'une humanité d'enfant, tend à persévérer dans son hermétisme et son apparente obscurité. Et vous, vous osez m'accuser encore de ne pas comprendre un traître mot de ce que l'on dit ? C'est absurde !

LA FEMME : Ah vous voyez, les questions, ça énerve.

Silence.

L'HOMME : Et puis qu'est-ce que ça peut vous faire ?

LA FEMME, *distraitement* : Plaît-il ?

L'HOMME : Oui, qu'est-ce que ça peut bien vous foutre si je ne parle pas le français ? Si c'est pour vous entendre déblatérer vos conneries, et en plus les comprendre, et bien merci.

LA FEMME : Je vous en prie.

L'HOMME Oui, vos conneries, parce que vous n'allez pas me faire croire que c'est autre chose que ça votre petit couplet sur la distraction offerte pas la religion. Et que je te baptise par ici, c'est l'occasion d'une fête ! Et que je te marie par-la, et qu'on remette le couvert ! Et même pour les morts, ça se fête aussi un mort ! Ça occupe aussi d'enterrer les corps de ceux qui nous ont précédés dans la mascarade, oui la mascarade, que vous prétendez être la vie !
Vous n'avez même pas le courage, l'abnégation et l'honnêteté d'avouer que vous ne croyez pas en ce géant anthropomorphe et ridicule qui vous sert de dieu !

Silence.

LA FEMME : Et qu'est-ce que...

Silence. L'homme regarde la femme avec un soupçon de mépris.

LA FEMME : Et qu'est-ce que j'aurais à y gagner, dites voir, si j'avouais ouvertement le fond de ma conscience ?

L'HOMME : Vous seriez en accord avec vous-même.

LA FEMME : En accord avec moi-même ? Et qu'est-ce que cette putain de juxtaposition de mots équivoques petit bien vouloir signifier en réalité ?

L'HOMME, *de plus en plus abattu :* Et bien, vous seriez en accord avec l'essence même de votre être. Vous consentiriez à vous placer à la bonne et heureuse place, celle des justes, celle des sages. Vous intégreriez la somme des malentendus pour en faire surgir l'ultime vérité, la vérité absolue, la vérité bleue de nos ancêtres. Vous peaufineriez l'étrangeté des contemplations absconses. Vous échangeriez les castes des heureux élus contre la vôtre. Vous maintiendriez l'inopportune position de ceux qui sont en quête de raison. Vous déshydrogéneriez l'inconstance des luths... Vous... vous...

L'homme se détourne du regard de la femme et replonge sa tête dans le moteur, il renifle doucement.

La femme, gênée, se passe la langue sur la lèvre supérieure et soupire. Elle se baisse et essai de ramasser le maximum de la matière gluante qu'elle remet dans son sac. Elle s'essuie les mains et pousse le reste avec son pied sous le train.

Elle s'assoit sur la dernière marche du wagon.

SCÈNE 2

Quelques secondes passent, puis, arrivant des coulisses, un garde anglais fait son apparition. Marchant au pas, il arrive à la hauteur de la femme. Il s'arrête, et se met au garde-à-vous devant elle.

LE GARDE : God save the queen !

LA FEMME, *distraitement :* Mais oui, c'est ça...

Le garde regarde, étonné, la femme un instant, puis se remet à marcher au pas vers les coulisses de l'autre cote de la scène.

Arrivé au niveau du jeune homme, il marche dans quelque chose de collant. Il s'arrête alors et regarde sous sa semelle, puis finit de traverser la scène en marchant de façon à ne pas poser parterre la partie de son pied qui est englué. Il sort.

SCÈNE 3

Long silence.
Petit à petit l'attitude de l'homme et de la femme change. L'homme devient de plus en plus joyeux. Il commence à travailler avec plus d'entrain, et finit même en commentant ce qu'il fait (incompréhensible).
La femme, elle, devient de plus en plus effrayée. Ses yeux s'écarquillent, sa bouche s'entrouvre comme si elle cherchait à hurler, mais que le son lui reste bloque dans la gorge.
À l'instant où une pièce du moteur échappe des mains du jeune homme et tombe parterre en se brisant, la femme se lève en hurlant.

LA FEMME : C'est fini, je ne serais jamais plus une femme normale !

L'HOMME : Quoi ?

LA FEMME : Qu'est-ce que j'ai fait ? Qu'est-ce que nous avons fait ? En provoquant l'ultime abandon de nos âmes dans un désespoir latent, odieux désespoir, nous avons commis une faute, une très grande faute !
Je ne pourrais plus jamais enfanter... normalement.
Nous sommes maudit.
Je suis maudit !

L'HOMME : Arrête !

LA FEMME : Je suis une mauvaise mère.

L'HOMME : Arrête, je t'en prie ! C'est déjà suffisamment pénible de le vivre. Je n'ai pas besoin en plus de ça que la mère de mon enfant m'abreuve de remontrances !

LA FEMME : Mais si moi ça me fait du bien d'en parler !

L'HOMME : Pourquoi veux-tu en parler ? Pourquoi veux-tu a tout prix que je t'écoute te plaindre ?

LA FEMME : Je ne me plains pas.

L'HOMME : Si tu te plains. Et je ne sais pas à qui tu veux te plaindre, mais tu n'arrêtes pas.

LA FEMME : Ça me fait du bien d'en parler a moi-même, c'est tout.

L'HOMME : À toi-même ? À toi-même ? Voilà à quoi tu es rendu, te parler à toi-même...

LA FEMME : Et alors ?

L'HOMME : Et alors, c'est comme cela que ça commence, petit a petit,

LA FEMME : Qu'est-ce qui commence comme cela ?

L'HOMME : La folie !

L'HOMME : La folie qui gagne le coeur des humbles.

LA FEMME : Ne dis pas ça. Ne parle pas de ça ! Je ne suis pas folle. Non !

L'HOMME : Je n'ai pas dit ça. J'ai dit que ça commençait par là. Ce sont les premiers symptômes. Il faut absolument y prendre garde. Un jour, on se retrouve à se parler tout seul, tout haut. Dès lors, ça commence...

LA FEMME, *elle s'avance sur le bord de la scène :* Non ! Non, je ne suis pas folle. Non je ne le suis pas... folle. Non ! La folie n'existe pas. Il ne s'agit à chaque fois que d'une différence minime de point de vue, qui entraîne un être à reconsidérer sa place dans l'univers...

L'HOMME : Arrête.

LA FEMME : Non, la folie n'est que l'expression d'une originalité, qui se manifeste au travers de l'intégration décalée des stimuli émis par l'environnement de l'être qui en est victime !

L'HOMME : Arrête !

LA FEMME : La folie n'est qu'un léger décalage, un infime décalage entre sa conception de l'univers et la conception arbitrairement choisit pour être celle, communément admise, qui régit l'esprit des gens soi-disant normaux...

L'HOMME : Chloé !

Elle regarde l'homme puis retourne s'accroupir contre la locomotive, et met sa tête dans ses bras.
L'homme s'est retourné.
Il ne bouge pas.
L'éclairage rougit.

L'HOMME : J'ai si longuement médité, juste après que l'on se soit touché, que l'on se soit mélangé.

Elle *(montrant la femme)*, elle dormait déjà.

Et puis je n'ai rien trouvé à opposer raisonnablement à cet acte ordinaire. Ces agissements proscris par la morale, par la morale des autres. Quels autres ? Ceux qui balisent la vie à coup de "il ne faut pas !". Ceux qui sont convaincus de la validité infaillible de leur propos. Ceux qui saisissent des interdits arbitraires et les font rentrer de force dans les fondations de leur éthique de vie.

J'ai cru longtemps que l'on avait atteint le point de rupture... évidence... neuf mois. Et puis la désillusion... atrocement absurde... génétiquement à proscrire. Tout le monde l'avait, l'instinct de conservation de l'espèce. Mais ça n'a pas évité les massacres... ocres...

Suis-je coupable de quelque chose ? Ai-je finalement commis une faute ? Qu'est-ce que cela peut bien vouloir dire : commettre une faute ? Une empreinte orange sur ma fibre bleue ? L'irruption de mon corps dans une zone interdite mais suffisamment attirante pour mériter qu'on s'y attarde ?

(Il se tourne vers la femme, s'en approche.) Et puis tant pis, tant pis pour les moralisateurs. Tant pis pour les pleutres qui s'enveniment la vie à s'occuper, sans le savoir réellement. Je finirais bien par réussir à laisser ma sensibilité parler sans commune mesure.

Je t'aime. Je te veux. Je te veux depuis toujours, et pour toujours, a jamais mon amour.

Laisse-moi bercer ta boule de lymphe, ta boule de pue.

Je voudrais mourir pour toi, mourir pour ton âme, mourir pour ton corps.

Je veux dédier ma vie, ma mort, à l'intégrité conservée de tout ton être. De tout ton être !

La femme se relève en sursaut. Elle s'approche de l'homme qui s'est assis la tête haute et les yeux fermés.

LA FEMME : Vous ne croyez pas que vous en faites un peu trop, la ? Il y a d'autres priorités, non ?

Elle se détourne et se repose fièrement dos à la locomotive.

LA FEMME : D'autres priorités comme la repentance légitime indiquée dans l'abnégation à sa véritable position d'être humain. *(Elle toussote)*
Mais vous n'avez pas pu !
Me laisser seule, toute seule, après ce que vous m'avez fait. Vous avez disparu de ma vie au moment où j'avais le plus besoin d'un amant, d'un confident, du père de mon enfant. Vous parvenez encore à être fier de vous ? Vous arrivez à vivre avec le poids inopportun de votre répugnante lâcheté ? Ça m'étonnerait.
Cela étant, c'est très rare ce qui vous arrive, m'a laissé entendre le docteur, très rare. Mais ça m'arrive par le plus grand des hasards, malheureusement bien sûr, mais par le plus grand et le plus complexe des hasards.
Je sais bien que ce n'est pas le fait du hasard. Je sais bien que je n'aurais pas dû, que je n'aurais pas dû un instant donné, que je n'aurais pas dû jouir de cet instant, jouir de mon corps, jouir de ma vie.
Je sais bien que j'ai commis une faute.

L'homme se relève.

L'HOMME : Foutaises !

Je ne peux pas admettre que tu puisses, que nous puissions être coupable d'une quelconque peccadille. Nous n'avons rien fait de préjudiciable pour qui que ce soit. Nous sommes innocents !

Non... *(il s'approche devant de la scène)* si je souffre ainsi, maintenant, autant, c'est en fait à cause de l'avortement.

Ma femme devait se faire avorter. On l'avait décidé. Je l'avais décidé. Mais c'était pour son bien. Un enfant conçu avant le mariage n'est pas un enfant né d'une union pour laquelle l'amour régit le déroulement. Seul le sexe compte !

Mais elle ne voulait pas y aller. Elle ne voulait plus y aller. Elle craignait pour elle, pour son enfant. Alors j'ai dû lui montrer l'exemple. Ça s'est mal passé. *(Des sanglots dans la voix)*, le docteur m'a expliqué que ce genre d'incident n'arrivait qu'une fois sur des milliers d'opérations. J'étais sans doute la millième personne à passer entre ses mains. Ça a raté... une boucherie... Il y avait du sang partout. Jamais ma femme n'a voulu y aller... jamais.

LA FEMME : Si, elle y est allé ! Je suis désolé.

L'HOMME, *se rapprochant de la femme :* Pas tant que moi ! Que nous, enfin peut-être.

LA FEMME : Si elle y est allée, mais... ce n'était pas un spécialiste, enfin... pas un comme il aurait fallu. Il a taillé dans le vif. Il a haché le contenu. Il a traumatisé le contenant, pour éviter que cela arrive encore. Mais... mais ça vivait encore. Alors il a...

L'HOMME, *dégoûté :* C'est dégoûtant. Vous ne pouvez pas essayer de passer sur les détails ? Ce genre de récit n'a pas besoin d'être accompagné de vétilles sanguinolentes. Vous pourriez vous retenir. Vous devriez vous taire.

Cette histoire est déjà très… trop... dérangeante.

Silence, la femme se reprend. Elle tente.

LA FEMME : Comme un cheveu sur la soupe !

L'HOMME, *agacé :* C'est ça, oui...

La femme éclate d'un rire nerveux.
Elle se laisse glisser contre la locomotive pour s'asseoir. Son rire nerveux s'estompe, elle devient presque grave. L'homme vient s'asseoir à ses côtés, blasé.
Au bout d'un instant, la locomotive commence à siffler de plus en plus rapidement.
L'homme et la femme se lèvent en sursaut et contemplent l'engin.

LA FEMME : Ça... ça fait quelle heure, ça ?

L'homme se met à donner de violents coups de pied contre la locomotive, la femme fait de même avec son sac. Du liquide gluant s'en échappe et se repend sur le moteur, les sifflements cessent.

L'HOMME : Je crois que c'est la fin...

LA FEMME : La fin ? La fin de quoi ?

L'HOMME : Vous posez toujours de ces questions ! Vous êtes incapable de comprendre à mot couvert ? C'est vraiment agaçant de parler avec quelqu'un qui ne comprend que ce qu'on lui dit. Faites au moins marcher un peu votre imagination.

Si vous n'étiez pas susceptible...

LA FEMME : Je ne suis pas susceptible ! La fin de quoi ?

L'HOMME : La fin de mon calvaire !

LA FEMME : Pourquoi ?

L'HOMME, *doucement, en regardant les traces de gelée sur l'acier de la locomotive* : La fin du calvaire de mon enfant.

LA FEMME : De votre enfant ? Mais pourquoi ?

L'HOMME : De mon fils, de mon cher fils...

LA FEMME : Mais pourquoi ? Pourquoi apportez-vous à ce délire conséquent d'autres trames inspirées par votre vision liturgique des tracas quotidien. *(Elle toussote.)*
Et vous pensez vraiment que tout ceci, tout ce bordel qui s'étire à n'en plus finir, va déboucher finalement sur la fin de vos calvaires respectifs ? Et votre fils, dispersé arbitrairement sur... sur cette putain de locomotive, qui impose de sa masse monstrueuse le décompte implacable de la durée de nos vies respectives, il va s'en sortir, vous ne pensez pas ?
Dites, vous le pensez vraiment ou vous l'avez dit juste comme ça ?
Dites, vous le pensez vraiment !

L'HOMME, *agacé* : Je pense toujours le contraire de ce que je dis. C'est dit.

LA FEMME : Vous ne le pensiez pas, alors ?

L'HOMME : Je pense toujours le contraire de ce que je dis...

LA FEMME : Alors vous ne le pensez pas.

L'HOMME : C'est dit.

LA FEMME : C'est dit ? Bien sûr que c'est dit, puisque vous vous exprimez ainsi en vous appuyant sur un discours prononcé par oral. Mais justement, vous venez de dire que vous pensiez toujours le contraire de ce que vous dites, alors... alors, si c'est dit, c'est que vous pensez le contraire de ce que vous dites. Et si vous pensez le contraire de ce que vous dites quand vous dites que vous pensez le contraire de ce que vous dites, c'est que vous pensez que vous pensez ce que vous dites, mais que vous dites le contraire. Alors vous pensez que vous pensez ce que vous dites, mais vous ne pouvez pas le dire, ou plutôt vous ne voulez pas le dire parce que si vous le dites, Ça voudrait dire que vous pensez le contraire. Sauf que si vous ne le dites pas...

La femme est prise de sanglots colériques. Elle s'agenouille, se met en boule et ne bouge plus.

SCÈNE 4

Le vieillard rentre sur scène, vieillard blasé typique.

Dès son entrée, la femme se relève, surprise. L'homme et la femme se tournent vers lui, inquiets. Le vieillard vient se placer au centre de la scène. Il se tient debout et pivote la tête tour à tour vers l'homme, puis la femme.

LA FEMME, *doucement* : Vous la connaissez l'épave ?

L'HOMME : Je vous en prie. Ce n'est pas un *(sifflement grave de la locomotive)*. *(Doucement)* Non, bien sure que non, je ne la connais pas.

LA FEMME : Mais alors, qui c'est ? Pourquoi il est là ? Pourquoi il nous regarde ? Et pourquoi il nous observe ainsi avec tant d'intérêt ?

L'homme et la femme se tournent simultanément vers le vieillard qui s'assoit en tailleur et continue de les regarder tour à tour.

LA FEMME : Eh chéri ! Il s'assoit. Je crois qu'il nous espionne. Il m'énerve.

L'HOMME : Il faut garder son calme

Tout le monde a le droit de s'asseoir ici. Et puis s'il a envie de regarder, et bien qu'il regarde ! Ce n'est pas ce genre d'attitude désinvolte qui va réussir à m'énerver. Il peut bien venir de nulle part, s'asseoir, se taire, et nous regarder, ça m'est complètement égal.

LA FEMME : Ou bien...

L'HOMME, *tout de suite* : Ou bien quoi ?

LA FEMME : Tu penses à ce que je pense ? S'il est là, assis, à nous regarder, c'est bien pour une raison précise. Et quelle autre raison vois-tu que celle, informe et poupine, qui nous a, nous aussi, amené là où nous sommes.

L'HOMME, *outré* : Nooon...

LA FEMME : Et si ! Je crois bien, que ce vieillard incarne, dans sa plus pure

simplicité, l'expression métaphorique du censeur incorruptible ! *(Elle toussote).* Putain, il fait froid ici !
On ne peut pas mettre un peu de chauffage ?
Je veux dire par là, que l'existence de notre enfant justifie sa présence. Cet homme est ici pour nous faire prendre conscience de la très grande faute que nous avons commise. La faute originelle, la faute universelle...
Car nous avons commis une faute !

Silence.

L'HOMME : Et alors, qu'est-ce qu'on fait ?

Silence.

La femme se met alors à hurler, elle se jette sur le vieillard et tente de l'étouffer en lui enfonçant son sac dans la gorge. Le vieillard suffoque, il se roule parterre.

La femme se relève calmement et revient se placer près de l'homme sans quitter du regard le vieillard. L'homme n'a pas réagi.

L'HOMME, *énervé* Non mais ça va bien oui ! Vous ne pourriez pas être un peu plus raisonnable ! Vous savez que c'est dangereux d'enfoncer un sac dans la bouche d'un vieillard ! Ça peut vous mener droit en prison ! Oui madame ! Et moi avec, pour non-assistance à personne en danger ! Encore heureux que je sois là, et que j'ai eu l'admirable présence d'esprit et le courage et l'occasion d'intervenir ! Autrement, vous savez ce qui aurait pu arriver ? Il serait mort !

Dans un dernier râle, le vieillard meurt.

L'HOMME, *qui s'approche du vieillard* : Allez quoi. Allez, levez-vous. Levez-vous, c'est un ordre !
Garde-à-vous !

SCÈNE 5

L'homme et la femme se mettent au garde-à-vous devant le corps sans vie du vieillard.
Le garde anglais arrive en courant et réajustant son uniforme, se met au garde-à-vous près du couple. Il salue.
Ils restent ainsi, quelques instants, face au corps sans vie du vieillard, sans bouger

L'HOMME : C'est fou comme le temps passe vite quand on s'amuse.

Le garde tourne la tête vers l'homme. Il le regarde un instant puis, penaud, sort de scène, en traînant les pieds, par la coulisse par laquelle il est arrivé.

SCÈNE 6

L'HOMME, *gêné* : Oh merde...

LA FEMME : Comme vous dites ! Ce n'est pas très joli d'injurier un mort. Vous, je veux dire nous, devrions avoir honte de vous et de votre attitude honteuse.

L'HOMME : Je ne sais pas ce qui m'a pris. Je...

LA FEMME : Moi, comme je vous parle, et comme vous me voyez, j'ai vu un jour un homme injurier un mort. Et bien, tétanisé par les remords et la honte, il a explosé sur une mine.

L'HOMME : Je ne sais pas. Je ne sais toujours pas s'il faut exprimer du respect ou de la haine à l'égard d'un homme qui a provoqué notre chute dans l'absurdité d'une reconnaissance flouée de ... de nos attributs ?

LA FEMME : Et pas plus tard qu'hier, alors que je me promenais sereinement dans un large et bel enclôt, j'ai vu un homme dire merde à un mort ! Comme ça, là devant moi ! Et bien le mort s'est bougé le cul, et lui a foutu une mandale dans sa gueule de con !

L'HOMME : Même si cet homme est notre origine...

LA FEMME : Et aujourd'hui, devant moi, vous avez eu l'audace d'injurier mon père, votre père, notre père ! Alors là c'est trop !

L'HOMME : Notre père...

LA FEMME : C'est vraiment trop !

L'HOMME : Un dieu serait bien utile dans de tels cas...

Le vieillard se lève et les regarde.

LA FEMME : Beaucoup trop !

L'HOMME : Pour se donner l'illusion de pouvoir être absout de tout et de rien...

Le vieillard tombe à genoux en pleurant.

LA FEMME : Largement trop ! Et vous le faites pleurer en plus !

L'HOMME : Croire en un dieu qui peut tout pardonner voila bien une chose utile...

LE VIEILLARD, il *hurle* : Non !

L'HOMME : Il m'a coupé ce con !

LA FEMME : Mais qu'est-ce qu'il a à crier comme ça. On n'est pas des *(sifflement grave de la locomotive). (Doucement a l'homme)* Et puis d'abord, je croyais qu'il était mort. Un mort, ça ne crie pas.

LE VIEILLARD : Je ne vis plus !
Je ne vis plus depuis l'ultime pénétration douloureuse de mon âme par les regrets de ma progéniture.
Seul, en face de la morale transgressée, mon petit-fils... doublement... unique descendance... héritier putrescible... une petite boule de glu... Comment apprendre son nom, et l'amour des siens à une toute petite boule de glu ?

LA FEMME, *soupire* : À part ça, je me demande quelle heure il peut bien être.

LE VIEILLARD : Je vais mourir dans peu de temps, et j'aurais vécu mes derniers instants avec à l'esprit cette terrible vérité. Mon petit-fils... déstructuré... spongieux...

L'HOMME : Il paraît que les Indiens d'Amérique ne se couvrent de peinture de guerre qu'uniquement en temps de guerre déclarée.

LA FEMME : Moi, je suis contre la guerre.

L'HOMME : J'ai bien connu une guerre.

LA FEMME, *nerveusement* : Tétine... huître... tétine...

LE VIEILLARD, *pleurant doucement :* J'avais un petit-fils. Je l'aime comme on peut aimer la progéniture de sa descendance. Mais il ne me donne rien en retour, rien qui puisse me donner l'impression d'exister pour lui. Je ne trouve aucune tendresse dans son regard. Quand bien même, aurait-il un regard ? Ce n'est qu'une boule informe à bercer... à cajoler... à changer. Mais je l'aime comme la chair de mes chairs.

L'HOMME : Poil aux huîtres !

LA FEMME : Vous faites de l'humour ?

L'HOMME : La vie serait bien triste sans humour.

LA FEMME : Oui, bien sure, mais il y a humour et humour. Ce que vous faites là, c'est n'importe quoi ! J'ai déjà remarqué que vous aviez souvent tendance à dire tout ce qui vous passe par la tête sous le prétexte fallacieux de vouloir faire rire la galerie.
Ça n'est vraiment pas très correct !

L'HOMME : Je vous en prie ! Je ne vous insulte pas, alors vous n'avez aucune raison de m'insulter.

LA FEMME : Je ne vous... Excusez-moi, mais...

L'HOMME : Mais enfin, qui êtes-vous pour me parler comme ça ?

Silence.

LA FEMME : Ta femme, je suis ta femme !
Le souvenir des instants tragiques te revient-il ?
Rappelle-toi bien. On s'est marié après que je sois tombé enceinte. Et tu

as voulu que je me fasse avorter. Tu ne voulais pas de cet enfant précisément. Tu voulais en recommencer un autre calmement, hors de toute précipitation. Et puis ça a raté. Un petit est né... un petit de mollusque. Parce que toi avec tes grandes idées sur la morale, tu ne voulais pas avoir d'enfants qui aient été conçus avant le mariage. Tu m'as forcé à aller voir ce docteur... dangereux. J'ai accouché d'un enfant... différent.
Tu te souviens, quand même, de notre enfant ?

L'HOMME : Écoute Chloé, c'est de l'histoire ancienne.

LA FEMME : De l'histoire ancienne ! Mais il est vivant ! Il est là, avec moi, contre moi. Depuis ce temps maudit où tu n'as voulu t'apercevoir de rien, il est apparu. Et maintenant il existe... ton fils.

L'HOMME : Pourquoi tu dis mon fils, c'est peut-être une fille...

LA FEMME : Qu'importe !
Il vit avec moi, tout contre moi, presque toujours en moi tellement je lui suis proche. Mon amour, ma petite boule... Je lui apporterai toujours, avec dévotion, ce dont il a besoin. Je l'accompagnerai constamment dans ces péripéties tortueuses que lui a préparé la nature de son destin. Pour qu'un jour, il parvienne à s'émanciper. Pour qu'un jour, il devienne un adulte solide... solide et...

L'HOMME : Spongieux...

LA FEMME : Spongiforme ! Le docteur a dit qu'il était spongiforme, mais qu'il était viable, au-delà de toutes ses espérances.

L'HOMME : Et tu veux me faire croire qu'un homme qui a la forme d'une éponge peut parvenir à s'émanciper ?

LA FEMME, *qui fond en larmes* : Mais moi au moins j'y crois. Je veux y croire.

L'HOMME : Et bien crois-y tant que tu veux. Mais ce n'est pas ça qui va apporter à la vie de ton fils la normalité qu'il est en droit d'attendre !

LA FEMME, *qui essuie ses larmes* : Quoi ?

L'HOMME : Ne joue pas à ça avec moi, hein ? Je peux comprendre que tu sois obsédé par ton fi..., ton enf..., enfin l'autre tordu là. Mais comprends bien qu'il faut arrêter de remettre ça sur le tapis.
Il est spongieux, c'est un fait.
Rien de plus, rien de moins !

LA FEMME : Je n'ai jamais dit le contraire. Je... je ne comprends pas ce que tu essaies de me dire.

L'HOMME : Il n'a pas de forme précise, et alors ?

LA FEMME : Et alors, rien.

L'HOMME : Et alors ?

LA FEMME : A quoi tu joues là ? Tu ne serais pas en train de me rejouer ton petit couplet sur le détachement nécessaire face à l'adversité. Ou pire encore, tu ne serais pas en fait en train de tomber dans une douce torpeur libératrice, refuge de ta raison vacillante ?

L'HOMME : Quoi ?

LA FEMME : Quoi ?

L'HOMME et LA FEMME : Quoi ?

Silence.

LA FEMME : Je ne sais pas à quel jeu tu joues, mais...

L'HOMME : Mais oui, bien sure que oui !

LA FEMME : Tu vas te calmer. Tu vas retrouver tes esprits. Tu ne vas pas tomber là-dedans, pas maintenant !

L'homme se prend la tête dans les mains. Il appuie très fort. Il relève la tête. Il regarde au ciel. Il regarde tout autour de lui. Il regarde la femme, son sac.

L'HOMME : J'ai... un enfant... un fils. *(Il lève les bras au ciel)* Mon fils ! *(Il tourne la tête dans sous les sens)* Mon petit, mon amour, où es-tu ?

LA FEMME, *qui lui tend le sac* : Il est là, avec moi, bien au chaud, en sécurité, chez lui, à l'abri.

L'HOMME : Mon fils ! Ma seule raison valable de poursuivre l'étalement de mon être jusqu'au bout. Je veux t'emmener avec moi, te dorloter, te faire te faire rire... aux éclats.

LA FEMME : Pas question ! Il reste avec moi ! Ce n'est pas parce que tu te trouves subitement des dons pour la paternité que tu as le droit de me prendre mon enfant.

L'HOMME : Mon fils !

LA FEMME : Non, non et non, il est à moi je le garde ! De toute façon il est dans mon sac.

L'HOMME : Mon fils, ma femme !

LA FEMME : C'est trop facile.

Silence.

L'HOMME : Je ne sais plus. Je ne sais rien.
Tu ne t'es jamais découvert une nouvelle raison de vivre. Une raison, dont tu t'étais tenu intentionnellement jusqu'alors dans l'ignorance. Une raison qui apparaît soudain, miraculeusement, au moment où tu te mets à douter. Une raison inattendue qui t'apporte la satisfaction apaisante d'un retour au sens évident de la vie.
J'ai eu une révélation, il y a un instant, celle de l'amour que je porte aux miens. Cet amour, merveilleux amour, est comme la tige qui soutient la corolle de nos vies. Je ne peux plus vivre sans.
Laisse-moi bercer ton coeur. Laisse-moi bercer ton adorable conglomérat de tendresse, ta sphère de douceur, ta petite boule de... ta petite boule de pus, de glaire !

LA FEMME, *qui sourit :* Ah, je te retrouve, enfin ! Approche-toi de moi mon mécréant préféré. Viens là que je te t'embrasse.

La femme s'approche de l'homme, elle lui tient la taille. L'homme s'écarte brusquement.

L'HOMME : Mais, ne me touche pas ! N'y pense même pas !
On ne va pas revenir des mois en arrière juste... juste pour se faire encore plaisir ? Non, c'est impossible...

Silence. La femme baisse la tête. L'homme époussette ses vêtements.

LA FEMME : Mais pourtant, tu m'avais promis, qu'on recommencerait, à s'aimer, à s'embrasser... *(doucement)* que tu effleurerais à nouveau de ton appendice fertile ma virginité entrouverte.

L'HOMME : Je t'en prie, ne sois pas vulgaire !

La femme commence à pleurer.
L'homme vient prendre la femme dans ses bras.

L'HOMME : Ne t'en fais pas. Ça va s'arranger. Ça s'arrange toujours. Ça finit toujours en s'arrangeant. Soit que les problèmes perdent de leur intensité avec le temps. Soient qu'ils se résolvent d'eux-mêmes. Soit encore qu'ils disparaissent, aidés en cela par l'intervention d'un être volontaire et aimable. Soit tu meurs.

LA FEMME : Soit je meurs !

L'HOMME : C'est ça.

LA FEMME : Soit je m...

L'HOMME : Oui ! Enfin, ce n'est pas sorcier de comprendre que si tu meurs, les problèmes que tu as pu avoir n'ont plus d'influence sur toi !

LA FEMME : Je préfère quand même l'une des trois premières solutions.

L'HOMME : Oui, mais on ne la choisit pas la solution !
La solution, elle apparaît comme ça, au moment où on s'y attend le moins.
(Il regarde en l'air) La solution, quelle solution ? C'est un effet du hasard qui apporte tout d'un coup foi en l'avenir, et confiance dans l'indéterminisme des choses.
C'est un suprême espoir qui engage le problème sérieux à se modifier en trivialité évidemment avenante. À côté de quoi la solution s'étale heureusement, tel le sauveur intrépide de l'homme transcendant *(Il*

toussote fort).

La solution, l'unique solution, la panacée, amène l'homme, qui l'effleure tel un oiseau multicolore et insensé, à déshydrogéner la constance implacable de luth...

La locomotive rugit comme un lion, puis on entend des clochettes. L'homme et la femme se retournent vers elle. Silence.
La locomotive siffle trois fois. On entend le coup de sifflet du chef de gare. "En voiture !" Des jets de vapeur frappent le sol.

LA FEMME : Bien, ce n'est pas tout ça, mais j'ai un train à prendre. Et faudrait pas en plus que je le rate !

L'homme remet les pièces en vrac dans le moteur. Il s'essuie les mains sur son pantalon

L'HOMME: Ça devrait marcher comme ça.

L'homme recule tout en regardant son ouvrage.

LA FEMME : Jeune homme !

L'HOMME, *faisant une courbette :* Votre majesté m'a convié ?

LA FEMME : En effet, auriez-vous l'extrême amabilité de m'indiquer ma cabine ?

L'HOMME : Il me semble que vous êtes actuellement dans la cabine numéro quatre milliards six cent quarante-deux millions sept cent vingt-huit mille cinq cent soixante-douze.

LA FEMME : Ca *m'étonnerait* fort...

L'HOMME : Plait-il ?

LA FEMME : Je vous dis que ça m'étonnerait fort d'être actuellement dans une cabine, vu que je suis, actuellement, en train de tenir une conversation absolument décalée avec vous, sur ce quai de gare. *(Elle pouffe.)*

L'HOMME : Ca vous fait rire ?

LA FEMME, *elle se contient :* Oui, effectivement, les temps sont plutôt propices à une désespérance absconse et impalpable. Elle-même mise en exergue par le recours aux illusions. Et ceci pour pallier une lacune pour ce qui concerne la compréhension et l'intégration à bon escient de la voûte céleste... et tout ce qui s'ensuit. *(elle pouffe)*

L'HOMME : Il y a toutes les raisons d'être désespéré ! Et vous ne pensez qu'à rire. C'est affligeant.

LA FEMME, *qui redevient sérieuse :* Vous avez raison. Ne cédons pas avec facilité au rire nerveux, palliatif d'un certain état de fait, qui fait de la terre le lieu privilégié d'une certaine décadence. Cela reste néanmoins naturel, qu'après les frasques orchestrées par sa tentative infructueuse de parvenir à un bonheur absolu, l'humanité connaisse les déboires de la pire déchéance.
Et cela ne prête pas à rire.

Silence
La femme éclate de rire. Pour se contenir, elle transforme son fou rire en un cri. L'homme se joint à son cri.
Pendant que le rideau s'abaisse doucement. On entend alors le bruit du

train qui démarre. Et de la vapeur glisse par-dessous le rideau.

FIN DE L'ACTE I

ACTE II

L'action se situe au milieu du noir complet.
Une douche est posée là, un bac de douche blanc entouré d'un rideau de douche blanc, attenant auquel se trouvent deux robinets et un flexible sur lequel est fixé un pommeau de douche banal.

SCÈNE 1

Au moment où le rideau se lève, on peut voir la silhouette par transparence d'un homme qui prend sa douche. De l'eau ruisselle sur le rideau de douche. L'homme fredonne l'air du toréador de Carmen.
Au bout de quelques minutes, l'eau n'arrive plus que par intermittence,

puis s'arrête totalement de couler.

ALEX : Merde, c'est pas vrai ça ! Putain, l'eau ! Merde, merde et merde ! L'eau, putain, il n'y a plus d'eau !

Le rideau de douche s'écarte violemment, apparaît alors Alex entièrement nu. Seules des traces de mousse adroitement réparties dissimulent son sexe et ses cheveux. Il sort de la douche. De l'eau en dégouline parterre. Il essaie d'enlever la mousse dans ses yeux, s'énerve, puis s'écarte violemment de la douche.

ALEX : Merde ! Ça n'arrive qu'à moi ça ! Je cherche à prendre une douche pour me soulager de certains problèmes récents de peau, qui m'embarrassent, et voilà que ce putain de robinet de merde s'arrête de couler ! Merde !

Il court vers la douche et donne un violent coup de pied dans les robinets. Il se tord de douleur, attrape son pied, et rebondi autour de la douche à cloche-pied.

ALEX : Aïe ! Putain, il n'y a qu'à moi que ces choses-là arrivent !

Il se calme, essaie de reposer son pied parterre, y parvient après quelques essais. Il s'approche du public.

ALEX : C'est vrai qu'il n'y a qu'à moi que ces choses-là arrivent. C'est étonnant d'ailleurs. Ça devrait être le contraire, nom de dieu ! *(Il rigole)* Au début tout allait bien. Non. Comment dit-on déjà ? Ah oui, au début il n'y avait rien. Et puis quelque chose a merdé. Je me suis retrouvé là comme un gros con. Et maintenant j'ai des poils qui me poussent partout. *(Il commence à se gratter de plus en plus fort, il s'énerve)*

Et cette douche qui ne marche pas. Ça me démange. Ça me démange ! Ça m'a démangé depuis le début, mais là ça devient intenable !

(*Il sourit.*) Au fond... au fond, ça pourrait être pire. Je pourrais être plus malheureux que ça. Il y a toujours une possibilité. Je pourrais être unijambiste. Je pourrais être manchot ou bien... spongieux. *(Il essaie encore d'enlever la mousse de ses yeux, s'énerve)* Ça m'énerve !

SCÈNE 2

Une sonnette d'entrée retentit. Alex ne bouge pas. Il n'y croit pas. La sonnette retentit de nouveau.

ALEX : Qui... qui est là ?

LE PLOMBIER *(Off)* : C'est le plombier !

Le plombier fait son apparition. Plombier ordinaire, il est vêtu d'un bleu de travail et d'une casquette. Il porte une sacoche en cuir.

LE PLOMBIER : Bonjour m'sieur-dame.

ALEX *qui regarde autour de lui* : Vous êtes plombier ?

LE PLOMBIER : C'est cela même !

ALEX : Mais pourquoi...

LE PLOMBIER : C'est joli chez vous. C'est moderne, tout ce vide.

ALEX : Vous êtes là pour le problème de robinets ?

LE PLOMBIER : C'est cela même !

Silence.

ALEX : Mais qui vous a appelé ?

LE PLOMBIER, *souriant :* C'est vous, non ?

ALEX : Non.

Silence. Le plombier trépigne d'impatience.

ALEX : Mais pourquoi...

LE PLOMBIER : On va encore parler longtemps comme ça ? Parce que moi, j'ai...

ALEX : Je vous...

LE PLOMBIER : Parce que moi, j'ai du travail ! Et dans l'ordre des choses, il faudrait d'abord que je voie ces robinets si je veux les réparer. Je n'ai pas que ça à faire, parler avec vous. Ce n'est pas que ça m'ennuie de discuter, mais il faut me comprendre. Je ne suis pas payé à rien faire.

ALEX : Bon. Très bien.
Ce sont ces robinets, juste là, qui sont en panne. *(Il montre les robinets.)* Je ne sais pas ce qui s'est passé. Je prenais ma douche quand c'est arrivé. Enfin, voyez par vous-même.

LE PLOMBIER : Sans déconner ! Vous voulez me dire que c'est justement ces robinets-la ! Vous voulez me dire que c'est sans aucun doute eux le problème ! Je ne me suis pas déplacé pour rien alors ?

ALEX : Vous...

LE PLOMBIER, *repentant* : Excusez...

ALEX : Vous...

LE PLOMBIER : Chez moi c'est malheureusement une habitude...

ALEX : Mais vous...

LE PLOMBIER, *repentant* : Je n'arrive pas à me contrôler. C'est carrément pathologique dans mon cas. Lorsque je ne connais pas, que je découvre pour la première fois, je me sens obliger de détendre l'atmosphère en... Mais je vois bien que vous êtes insensibles a ce genre de plaisanteries.

Silence, Alex et le plombier se regardent sans bouger, un instant.

ALEX : C'est bon, ce n'est...

LE PLOMBIER : Bon ce n'est pas tout ça, mais le temps passe. Je ne suis pas payé à l'heure, vous savez ? *(Il sourit à Alex puis s'approche des robinets.)*
Alors, ce sont eux qui sont a l'origine de tout ce bordel ?

ALEX : Pas tout.

LE PLOMBIER, *qui regarde Alex :* Je me comprends.
(Scrutant à nouveau les robinets.) Alors, ce sont ces robinets-là qui refusent de remplir leur charge de robinet ? Couler, ça leur est devenu trop difficile, impossible même ? Ils font grève ? Peut-être qu'ils veulent plus de considérations, peut-être qu'ils veulent les honneurs, la gloire !
(Il regarde Alex en souriant, se reprend, se met à genoux et caresse le dessous d'un des robinets)

Allez, je plaisante. On sait tous que ce que c'est de devoir expurger a la demande la substantifique moelle de ce qui nous maintient en vie. Ça épuise. Mais c'est ça ou rien !

Car un robinet sans eau s'anéantit. Il se démobilise, se disperse, s'éparpille. Il se flétrit, s'assèche, se renfrogne. Et ce n'est pas ce que vous voulez ? Alors il faut se reprendre ! Il faut considérer honnêtement votre place en regard des autres. Bien entendu, il y a de meilleures places. Bien entendu, il y en a de plus heureux. Mais il faut surtout prendre conscience qu'il y en a de pires. Il y a des robinets plus malheureux. Et ce genre de considération permet en fin de compte de se sentir privilégié, titulaire d'une chance qui n'est pas offerte à tout le monde, et en fin de compte heureux. Sinon, quelle est l'alternative ? Le néant, le vide, le noir ?

On n'est finalement pas si malheureux lorsqu'on est capable d'agir encore, alors que d'autres ne le sont déjà plus. Il faut s'efforcer de regarder de temps en temps vers le bas, pour contempler le chemin parcouru. Il faut regarder le malheur pour se satisfaire de son état. Sinon on ne sera jamais heureux, n'est-ce pas ? N'est-ce pas ?

(Il se retourne vers Alex.) N'est-ce pas ?

ALEX : Quoi ?

LE PLOMBIER : Vous suivez ?

ALEX : Comment ?

LE PLOMBIER : Je veux bien réparer vos robinets, mais si c'est pour le faire dans l'indifférence générale, je préfère arrêter tout !

ALEX, *après un moment d'hésitation* : Alex, je suis Alex...

LE PLOMBIER : *se relève et s'approche d'Alex la main tendue* : Plombier, je suis plombier.

Alex sert la main du plombier. Ils restent un instant la à se serrer la main. Puis Alex décroche la main du plombier avec sa main gauche. Il s'écarte, se retourne.
Le plombier, penaud, se remet à genoux et continue son travail en silence.

ALEX : Mais qu'est-ce que j'ai fait au bon... au bon... bordel ! Qu'est-ce que j'ai fait pour mériter ça ? Ils ont tous une telle insidieuse manie de s'accrocher à la vie ! Ça fait réfléchir.
Mais qu'est-ce qu'ils avaient aussi à faire un gosse ? Et à le garder, par-dessus le marché ! Normalement ils auraient dû douter profondément, jusqu'à commettre l'irréversible, leur ultime libération. C'était prévu comme ça ! Cette épreuve était conçue pour être suffisamment insurmontable. Ils auraient dû céder à la tentation, l'ultime et libératoire tentation. Ça aurait dû, marcher ! Pourquoi est-ce qu'il faut que, chaque fois qu'un homme et une femme se fréquentent, ils se touchent, se palpent, se mélangent, se croisent et se multiplient. Avec toutes les saloperies qui courent. Ce n'est pas sérieux !
En plus quand ça rate, parce que ça arrive que ça rate, et c'est d'ailleurs plutôt leur cas *(il rigole)* ils acceptent leur bévue et veulent la garder au-delà de toute raison. Non mais bordel ! Vous ne pouvez pas faire attention ! Après ça on s'étonne qu'il y ait des dissensions dans le couple. Allez vivre avec une petite boule de glu en guise de fils, vous allez voir si c'est facile !

Alors bien sûr, c'est la mère qui se tape tout le sale boulot.

C'est toujours la mère la responsable. C'est à elle qu'est revenu le privilège d'assembler les morceaux. C'est à elle que reviens le mérite de la forme générale de l'enfant. C'est sa faute s'il y a une imperfection. Et quelle imperfection !

LE PLOMBIER : Je suis tout à fait d'accord.

ALEX : Toi, ta gueule !

C'est toujours la mère, celle qui l'a portée, celle qui a conçu cet agrégat de formes diverses qui finalement donne forme à l'enfant, si on peut encore appeler ça dans ce cas précis un enfant, qui est directement coupable. Le père, lui, il n'est déjà plus là.

Il était là, quand il s'agissait de prendre du plaisir. Mais maintenant que le mal est fait, il n'y a plus personne.

LE PLOMBIER : Je suis encore tout à fait d'accord.

ALEX : Mais ta gueule ! Tu n'as pas un travail à faire, toi ?

Et maintenant qu'est-ce qu'ils vont faire ? La rupture va certainement être prononcée, la cassure, la fracture, la brisure. Ils vont se séparer, partir chacun de leur côté. Et le petit va être séparé d'un de ses parents, esseulé d'un pan de son individualité en devenir.

Et ils ne vont même pas penser à se... À se...!

À moins qu'ils ne se retrouvent, ensemble, autour d'une table, pour réfléchir calmement a ce qui leur arrive... à table, bien sûr, à table ! Rien de tel qu'un bon repas, bien arrosé de surcroît, pour se rabibocher, parler enfin sérieusement, considérer effectivement l'état de fait, réfléchir aux suites à donner et en finir, calmement, raisonnablement, consciemment...

LE PLOMBIER : Excusez-moi, mais...

ALEX : Quoi ?

LE PLOMBIER : Je ne suis pas d'accord.

ALEX : Mais bordel, à quel propos ?

LE PLOMBIER : À propos du repas.

ALEX : Le repas, quel repas ?

LE PLOMBIER : Non, c'est juste au sujet de ce que vous avez dit. Je pense personnellement qu'un repas n'est pas toujours suffisant pour se rabibocher, comme vous dites.

ALEX : Ah ?

LE PLOMBIER : Et bien oui, tenez, Michel Strogoff et Walter Rubinstein.

ALEX : Walter qui ?

LE PLOMBIER : Rubinstein, Walter Rubinstein. Et bien, lui et Strogoff, ils auraient pu manger ensemble, comme deux copains. Et pourtant on ne peut pas dire qu'il se soit rabiboché.
On peut le dire ?

ALEX : Je...

LE PLOMBIER : Et non, on ne peut pas le dire.

ALEX : Michel Strogoff, je situe. Mais Walter Rubistoff...

58

LE PLOMBIER : Rubinstein, mais ce n'est pas le plus important. Le fait est qu'ils ne sont jamais rabibochés.

ALEX : Mais Walter Rubinsctroumf, c'est qui ?

LE PLOMBIER : Ça suffit ! Vous allez l'écorcher longtemps ce nom !

ALEX : Mais je...

LE PLOMBIER : Un nom, c'est un nom ! C'est comme si... comme si je vous appelais Chloé, ou même Marie-Antoinette, ça vous déplairez certainement, n'est-ce pas ?

ALEX : Marie-Antoinette ?

LE PLOMBIER : Oui ! Ça vous gênerait si je vous appelais Marie-Antoinette, non ?

Silence.

ALEX : Vous avez un problème. Il y a quelque chose de déroutant en vous. Quelque chose d'étrange qui remonte à la surface à chaque fois que vous prenez la parole.
Vous avez déjà essayé d'en parler avec un thérapeute.

LE PLOMBIER : Tout va bien, je vous assure !

Alex regarde le plombier Celui-ci reste silencieux. Il tourne la tête. Il est soucieux.

Silence.

ALEX : Au fait, vous avez réglé le problème de robinets ? Ça y est, ils sont réparés ?

LE PLOMBIER : Ca n'est pas si simple. J'ai un petit problème. En fait, pour que je puisse devissez la goupille, il me faudrait une clé de 12. Et je n'ai qu'une clé de 15.

C'est toujours pareil ! À chaque fois c'est le même coup ! À chaque fois il me faudrait la clé de 12 et je n'ai avec moi qu'une clé de 15.

ALEX : C'est proprement incroyable, ça ! Si à chaque fois c'est la même chose, si à chaque fois la clé de 12 vous fait défaut, pourquoi ne la prenez-vous pas une bonne fois pour toute avec vous ?

Le plombier regarde Alex, interloque.

LE PLOMBIER : Et bien ! En voila une question pertinente, une question sensée, qui s'offre à la mesure de toute votre cognition miraculeuse...

ALEX : Ça, si vous vous rendez compte de votre erreur.

LE PLOMBIER : Mon erreur ! Parce que vous croyez...

Silence

ALEX : Qu'est-ce que ma mère vient faire dans cette histoire ?

LE PLOMBIER : Comment ?

ALEX : Qu'est-ce que ma putain de mère vient faire dans cette putain d'histoire ?

LE PLOMBIER : Je n'ai jamais parlé de votre mère. Je ne la connais même pas votre mère. Que m'importe votre mère...

ALEX : Quoi ?

LE PLOMBIER : Je vous dis que je ne la connais même pas votre mère. Je ne savais même pas que vous en aviez une, de mère. Pourquoi voulez-vous que j'en parle.

Je m'en fous, moi, de votre mère !

ALEX : Comment ?

Alors ça, je ne peux pas l'accepter. Que vous... Sortez !

Alex tend le doigt en direction de la coulisse.

LE PLOMBIER : Mais bordel, je ne peux pas !

Je n'ai pas fini de réparer ces putains de robinets. Et je ne peux pas sortir de nulle part comme ça, sur un coup de tête ! Ça ne se fait pas de quitter son ouvrage comme ça ! Je ne peux pas, moi, sortir ainsi, parce qu'un client coincé ressent de la vexation à l'idée que sa mère puisse être à mon encontre d'un intérêt nul, zéro, le néant. Je vous rappelle que j'ai un travail à faire, moi.

Je ne suis pas un putain de fonctionnaire, moi !

ALEX : Alors la je ne vois pas le rapport. Vous dites ça pour moi ?

LE PLOMBIER : Non... Je dis ça comme ça, c'est tout. On voit bien que vous...

ALEX : Je quoi ?

LE PLOMBIER : Non rien.

ALEX : Vous savez que vous êtes agaçant ? Vous ne finissez pas vos phrases, et en plus vous sous-entendez quantité de choses désobligeantes.

LE PLOMBIER : J'ai ma fierté moi, Monsieur !

Silence.

ALEX : Laissez tomber, laissez tomber, j'ai d'autres problèmes à l'esprit... comme ce gosse.

Il n'a pas fini d'en avoir des problèmes, ce gosse. Son père, et même sa mère le renient sans cesse. Lui qui n'a rien demandé. Aurait-il pu seulement demander quelque chose ? Cette pauvre petite boule de lymphe, cet extrait de foetus, *(des sanglots dans la voix)* ce bébé informe.

LE PLOMBIER : Oh, je ne voulais pas.

ALEX, *entre deux sanglots :* Ce n'est rien. C'est les nerfs. Vous ne pouvez pas comprendre.

LE PLOMBIER : Je suis désolé, vraiment désolé. Je vois que ça vous touche.

ALEX : Ce n'est rien. C'est cette histoire, cet enfant, ce couple. C'est à cause de moi quand même.

LE PLOMBIER : A cause de vous ? Je ne comprends pas là.

ALEX : Quand même, je suis... l'instigateur de ce forfait. C'est moi qui... Comment dire ? Cela n'aurait pas eu lieu si... si je n'avais pas été aussi entreprenant. Ce malheur, je l'ai construit pas à pas, mesure après mesure... Extrait de lymphe après extrait de lymphe.

LE PLOMBIER : Mais enfin, ils l'ont bien voulu cet enfant !

ALEX : Détrompez-vous, ils ont voulu le plaisir de le faire, mais pas l'enfant. Ils ne pensaient qu'au plaisir. Et grâce à moi, ils l'ont eu, un instant... un tout petit instant. Et face à cela des années de torture, des années à se demander pourquoi, des années d'enfer.

LE PLOMBIER : Et la joie d'avoir donné la vie, le bonheur de la création d'un petit être vivant ?

ALEX : Vous me faites rire. Il n'y a rien de plus trivial que de faire un enfant. Le bonheur de s'insérer au coeur de la banalité, voila ce que c'est. Et vous voyez, à ce moment-là, il ne s'agit plus de bonheur mais de plaisir, uniquement de plaisir, et ce pour un instant.

LE PLOMBIER : Vous me foutez le cafard à parler comme ça.

ALEX : Mais c'est la vérité... la vérité toute nue... l'ignoble vérité.

LE PLOMBIER : Et qu'est-ce qu'ils peuvent faire pour changer le cours des choses ?

ALEX : Rien, je crois. Sinon attendre que le petiot soit en âge d'attenter à ses jours.

LE PLOMBIER : Le suicide ! Vous voulez dire le suicide ?

ALEX : Oui, c'est la meilleure des solutions, non ? De toute façon, pour peu qu'il ait un peu de jugeote, il y viendra.

LE PLOMBIER : Le suicide ! Le suicide !

ALEX : Oui, c'est ça.

LE PLOMBIER : Le suicide !

ALEX : Mais, ça va aller, oui ? Il n'y a pas de quoi s'exciter ! Oui, le suicide.

D'ailleurs, le suicide, si c'est bien fait, proprement, ça peut être un instant de parfait esthétisme, au cours duquel se lie au dramatique de la situation, la beauté du geste.

Il toussote.

LE PLOMBIER Mais... mais, c'est mortel !

ALEX : Pas toujours, pas toujours. Quelquefois ça remet juste les idées en place. C'est bon pour le moral.

LE PLOMBIER : Mais c'est dangereux ! Si ça réussit ?

ALEX : Alors là, on n'a peu de chance de s'en apercevoir.

LE PLOMBIER : Mon dieu...

ALEX : Je ne vois vraiment pas ce qu'il vient faire là...

Silence. Le plombier est songeur.

ALEX : On parle, on parle. Mais vous devriez déjà les avoirs réparés ces foutus robinets.
C'est prêt ? C'est fini ? C'est bon ?

LE PLOMBIER : Hé Ho, du calme ! Je ne suis pas aux pièces ! On discute. Je veux dire, vous commencez à discuter, et après c'est de ma faute si ça n'avance pas. Moi, je ne peux pas à la fois parler, et réparer ces foutus robinets... qui me font chier !

ALEX : Allez-y, travaillez !
Je me tais.

Le plombier recommence à réparer les robinets. Alex le regarde.

Au bout d'un moment le plombier s'aperçoit du regard pesant d'Alex. Il se retourne, agacé. Il paraît mal à l'aise. Il se replonge dans son travail. Même jeu plusieurs fois.
Finalement, le plombier se retourne carrément.

LE PLOMBIER : Vous avez fini de me regarder comme ça ! Vous n'avez rien d'autre à faire ?

ALEX : C'est-à-dire que j'étais en train de prendre ma douche, quand c'est arrivé. Alors là, j'attends que ce soit réparé pour finir de la prendre.

LE PLOMBIER : Et vous ne pouvez pas attendre un peu plus loin ? Là-bas.

Le plombier indique distraitement une direction. Alex va se mettre à l'endroit indiqué.

ALEX : Là ?

LE PLOMBIER : Mais non, plus loin !

Alex va se placer plus loin, au raz des coulisses.

ALEX : Ici ?

LE PLOMBIER : Encore un peu... voilà.

Alex disparaît entièrement dans la coulisse.

ALEX *(Off)* : Ici, c'est bien ?

LE PLOMBIER : Parfait, ne bougez plus !

ALEX *(Off)* : Il ne fait pas très clair, ici ! Il fait même noir ! C'est complètement noir, oui !

LE PLOMBIER : Vous ne pourriez pas vous taire, un peu ?

ALEX *(Off)* : Oui, d'accord ! Je me tais. C'est compris.

Silence. Le plombier travaille.

ALEX : Je sais me taire moi quand il le faut.

Silence.

ALEX : En fait ce n'est pas si difficile que ça.
Mais ça demande tout de même un peu de volonté pour...

LE PLOMBIER : Bon, venez voir !

Alex sort de la coulisse, et viens près du plombier.

ALEX : Oui ?

LE PLOMBIER : Je sais que vous avez des problèmes, on a tous des problèmes. Moi j'ai oublié ma clé de 12, et vous... vous, c'est beaucoup plus grave. Mais que vous passiez vos nerfs en me divertissant dans mon travail, ça je ne peux pas l'accepter. Je ne peux pas l'accepter

ALEX : Désolé...

LE PLOMBIER : Alors je vais m'arrêter quelques instants, et nous allons parler un peu de vos problèmes, d'accord ? Ce sera mieux pour tout le monde.

Silence.

ALEX : C'est absurde.

C'est absurde ce qui leur arrive. Normalement ils auraient dû en finir, proprement, sans vague. Au lieu de ça, je ne comprends pas comment ils font pour vivre comme si tout était normal.

LE PLOMBIER : Vous voulez qu'ils en finissent ?

ALEX : Oui ! C'est ça ! Je veux qu'ils en finissent ! J'ai toujours voulu qu'ils en finissent !
Je ne vais pas les laisser plus longtemps détruire l'échafaudage que j'ai mis si longtemps à édifier.

LE PLOMBIER : Quel échafaudage ?

ALEX : L'échafaudage de la vie ! La sélection naturelle ! L'évolution !
Il faut me comprendre, avoir passé autant de temps à régler le processus qui amène les espèces à tendre vers la perfection de leur être, et le voir mis en péril par une morale qui, prétextant l'altruisme, a élevé de petits handicapés jusqu'à leur permettre de se reproduire, violant en cela toutes les règles que j'avais mis tant de temps à ériger. C'est rageant ! Et c'est désespérant.

LE PLOMBIER : Vous voulez dire que vous regrettez les temps où la sauvagerie régnait ?

ALEX : Ça fonctionnait bien alors, l'évolution. Les êtres bipèdes céphaliens ont évolué à une vitesse inouïe ! Et tout ça pour qu'ensuite la dynamique ascendante ralentisse, et tende presque à s'immobiliser. C'est rageant !

LE PLOMBIER : Mais si c'est là que se trouve le bonheur des hommes, dans l'entraide aux mal-lotis ?

ALEX : Le bonheur des hommes, ce genre de bonheur, n'apparaît au coeur de certains que, lors de l'élévation de leur être vers un palier supérieur... Et ce n'est pas moi qui l'aie inventé ça, enfin, pas récemment !

LE PLOMBIER : Alors, pourquoi les hommes ont-ils fondé leur éthique de vie sur le putain de rôle prépondérant prêté a l'altruisme.

ALEX : C'est un effet du hasard qu'il faut chercher à corriger, une morale inadéquate. Croire en un dieu qui pourrait tout pardonner à ceux qui se fourvoieraient dans l'aide aux virtuellement inaptes, c'est idiot, mais pourtant ça a un certain succès.

Silence.

LE PLOMBIER : Je ne sais pas pourquoi, mais vous me décevez.

ALEX, *pour lui* : Je... je suis... je suis sûr d'avoir merdoyé quelque part. Normalement ils auraient tous du s'anéantir après la tuile qui leur est tombée sur le coin de la gueule. Mais, au lieu de cela, je ne sais pas ce qu'ils magouillent. J'ai l'impression qu'ils aiment ça, qu'ils l'aiment le gamin, qu'elle l'aime surtout.

LE PLOMBIER : Et ça vous dérange ?

ALEX : Evidemment ! Ça ne vous dérangerait pas si un de vos coups les plus importants, les plus vitaux, de votre carrière tombait à l'eau à cause de...

LE PLOMBIER : À cause de quoi ? *(Silence)* Répondez, merde !

ALEX : À cause de l'amour...

LE PLOMBIER : Ah, vous êtes comme ça, vous ? Vous ne pouvez pas vous empêcher de renier ce qu'il y a de plus beau en l'homme, pour asseoir votre autorité.

ALEX : Ce qu'il y a de plus beau en l'homme ! Vous plaisantez ? Il n'y a rien de plus animal que l'amour. D'ailleurs, c'est ce que mère nature a préféré à toute sorte d'égocentrisme pour perpétuer l'espèce. Elle a préféré ça pour les hommes et pour les animaux.
Les animaux ne sont-ils pas capable d'amour entre eux, et envers leurs petits ? L'amour, c'est de la pure animalité. C'est ce qu'il y a de plus bas en l'homme.

LE PLOMBIER : Vous plaisantez, là ? C'est la grosse farce, la grosse rigolade !

ALEX : Oh que non ! Jamais je n'oserais plaisanter avec ça. C'est bien trop... inopportun.

Silence.

LE PLOMBIER : Vous ne pensez pas que l'amour soit la chose la plus importante au monde, qu'on ne puisse pas vivre sans amour ?

ALEX : Que ce soit la chose la plus importante au monde, tout dépend de l'importance qu'on veut bien donner aux choses. Je veux bien admettre qu'il soit plutôt bien placé en ce qui concerne l'intérêt qu'il suscite.
Mais qu'on ne puisse pas vivre sans amour, je suis plus que catégoriquement... pour ! Le suicide reste le résultat principal du manque d'amour, ou mieux encore, de la relégation de l'amour au rang de bestialité !

LE PLOMBIER : Et c'est ce que vous voulez ?

ALEX : Il faut me comprendre, un beau suicide, propre, net et sans bavures, C'est tout de même quelque chose ! Et ça mettra un peu d'ordre dans ce bordel.

Silence.

LE PLOMBIER *regarde un instant Alex sans bouger, puis se détourne* : Il faut que je répare ces robinets.

ALEX : Mais, vous ne voulez pas continuer à discuter. Je sens que ça va mieux.

LE PLOMBIER : Il faut que je répare ces robinets.

Silence.

ALEX : Et... Et si je vous paye ?

Silence.

LE PLOMBIER : Oh, ça va ! Je ne suis pas une pute !

(Silence) Combien ?

ALEX : Disons beaucoup plus que vous gagnez d'habitude... le décuple, comme dans la tradition...

Silence.

LE PLOMBIER : Et je serais obligé de subir votre conversation ?

ALEX : Oui.

Silence.

LE PLOMBIER : Non, je ne peux pas. Subir votre conversation, c'est comme deviser avec... avec...

Le plombier écarquille les yeux et fait un pas en arrière.

LE PLOMBIER : Vous êtes... vous êtes...

ALEX : Je suis, je suis, je suis l'instigateur de tout ce qui est et je suis quelqu'un qui n'existe pas.

LE PLOMBIER : Alors, vous êtes... vous êtes...

ALEX : Non, je ne suis pas...

LE PLOMBIER : Si... si vous n'êtes pas, si vous n'existez pas, comment pouvez-vous être l'instigateur de tout ce qui est, et avoir une large incidence sur la vie des trois autres personnages ?
Et comment se fait-il surtout que je sois en ce moment, planté là, en train de parler avec vous ?

ALEX : J'existe, et je n'existe que, dans l'esprit des gens qui croient en moi.

LE PLOMBIER, *qui pose la main sur les robinets* : En tout cas, vos robinets, ils ne sont pas factices.
Et vous pouvez affirmer tout ce que vous voulez, vous ne m'ôterez pas de l'idée qu'il y a quelque chose d'étrange, quelque chose de particulièrement troublant dans la situation que nous vivons actuellement. Vous dites que vous n'existez que dans l'esprit de ces gens-là. Ça voudrait dire que j'en fais partie ?
Ça voudrait dire que je crois à votre existence ?

ALEX : En mon existence, vous croyez EN mon existence.

Silence.

LE PLOMBIER : Mais ce n'est pas vrai...

ALEX : Allons ! Si vous ne croyez pas en moi, comment expliquez-vous votre présence en ces lieux... divins. Comment se fait-il que vous tenez une conversation, et ce depuis un petit moment, avec un être qui vous est totalement étranger ?

LE PLOMBIER, *gêné : Je*... Vous... On m'a appelé, alors... je suis venu...

ALEX : Vous êtes venu ?

LE PLOMBIER, *encore gêné :* Je suis parti de chez moi... par là-bas... loin par là...

ALEX : Vous avez quitté la réalité, plombier. Vous n'êtes plus qu'une entité perdue au coeur d'une illusion... facile... grosse illusion. Vous vous imaginez être en train de me parler, parce que ça vous arrange, ça facilite votre petite vie. Il est temps que vous preniez conscience de cet état de fait.
Il n'y a rien de plus bénéfique à sa propre vie que de l'imaginer être subordonnée aux envies arbitraires d'un super être, anthropomorphe, bien entendu, pour encourager les apostrophes complices et les longues conversations.

LE PLOMBIER : Je crois que je vais être malade.

Silence.

ALEX : Ça ne fait pas que du bien ce genre de révélation, hein ? Ça provoque la remise en cause de pas mal de certitudes, non ?

LE PLOMBIER : Moi, ce qui me rend malade, surtout parce que je ne le comprends pas, c'est que ce soit vous qui me révéliez ça. Enfin, comment se fait-il que vous m'annonciez tranquillement que vous n'existiez pas ? Vous êtes un masochiste obsessionnel ou quoi ?

ALEX : Non. Mais il se trouve que j'attache énormément d'importance à la vérité, voilà tout.

LE PLOMBIER : Ha, ha ! À une vérité qui vous fait disparaître au beau milieu d'un tumulte d'allégation, toutes plus sournoises les unes que les autres...

ALEX : On ne la choisit pas la vérité !

LE PLOMBIER : On ne révèle pas une vérité si elle ne peut que nous anéantir ! Dans ce cas-là, on la cache. On en substitue une plus bénéfique à notre être propre. Il est légitime de choisir une vérité qui nous conforte dans nos existences !

ALEX : Ce n'est pas la...

LE PLOMBIER : Sinon a quoi cela sert-il de vivre encore si c'est en totale contradiction avec la vérité que l'on a élevée au pinacle ?

Silence.

ALEX : Ok. Alors, continuez à vous prélasser dans l'illusion de mon existence. Comme vous voulez. Si ça peut vous rendre heureux...

LE PLOMBIER : Je ne me prélasse dans rien du tout. Je suis athée.

ALEX : Vous êtes sûr ? Parce que tout ce qui nous arrive semble conforter le contr...

LE PLOMBIER : Oui, j'en suis sure ! Et vous d'abord, qu'est-ce qui me prouve que vous êtes ce que vous prétendez être ?

ALEX, *hautain* : Je n'ai rien besoin de prouver. Je suis ce que je suis. Je suis divin, c'est tout !

LE PLOMBIER : C'est tout ! C'est tout...
Vous me faites sourire avec vos effets de manche. Vous êtes divin, c'est tout. Et d'abord, être divin peut signifier bien des choses. On peut être divin à l'occasion, pour une action, par un concours de circonstances.
Mais pour vous il ne s'agit évidemment pas de ça. Vous vous considérez être un dieu éternel, je suis sûr. Un dieu éternel qui se trouve, par ce fait, au-dessus de la masse. Un dieu qui distribue arbitrairement ses bonnes actions... ou ses mauvaises ! Parce qu'il y a aussi des divinités odieuses, abjectes, ignobles.
D'ailleurs, vous, en général, vous appartiendriez plutôt à la famille des divinités du bien ou du mal ?

ALEX : Qu'est-ce que ça peut bien faire ! Tout dépend de l'état d'esprit des gens qui croient en moi. Moi, je n'ai pas forcément d'à priori. Et puis quelle est la différence entre le bien et le mal ? Une façon d'être à la mode du moment ?

LE PLOMBIER : Non ! Le bien c'est... ce sont des faits et des actions qui grandissent l'homme, qui l'amène à un niveau supérieur de son être... Comme un ascenseur, tiens !
Le mal, au contraire, abaisse l'homme, l'envoi à un niveau inférieur de son être, comme... comme un ascenseur...

ALEX : Si je comprends bien votre comparaison, chacun est dans un ascenseur, qui bouge, qui monte et qui descend. C'est la vie, quoi !

LE PLOMBIER : Ouais mais c'est mieux quand il monte !

ALEX : Ouais mais comme ne peut pas monter indéfiniment, quand il est bloqué en haut, il faut qu'il redescende, pour prendre de l'élan, remonter... et défoncer le plafond, bordel de dieu !

LE PLOMBIER : Hein ?

ALEX : Il faut du mal pour apprécier le bien. Il faut des tueurs en série, des violeurs d'enfants, des petits handicapés pour apprécier la vie... la vie et le visage radieux d'un petit enfant bipède céphalien.

LE PLOMBIER : Ce n'est pas con.

ALEX : Je vous remercie.

LE PLOMBIER : Ce n'est pas con, mais c'est dur à accepter.

Silence.
Alex se cure le nez. Le plombier le regarde faire.

LE PLOMBIER : Et vous, vous servez quoi, au juste ?

ALEX : Disons que... On peut s'imaginer que je serve à faire moduler l'ensemble. Par exemple, et pour reprendre votre comparaison, je pousse le bouton du dixième quand l'ascenseur frôle le rez-de-chaussée, et j'appuie sur celui du sous-sol quand il va atteindre le treizième. Je module quoi !

LE PLOMBIER : Et ce n'est pas possible que ça monte en continu, que la vie de cet homme ne soit qu'une lente ascension de tout son être, vers les sommets d'un bonheur extatique ?

ALEX : Si, quelques fois, mais alors tout doucement. C'est rare. Et c'est d'un chiant. Il est préférable, pour intéresser la partie, de choisir les montées et les descentes rapides. Ça, c'est réellement digne d'intérêt !

LE PLOMBIER : Et là, vous en êtes où avec les deux rigolos là, enfin les trois ?

ALEX, *qui fait le geste, en souriant :* C'est la descente.

LE PLOMBIER, *inquiet :* Ca vous fait rire ? vous allez les faire remonter après ?

ALEX : Je ne sais pas, je me tâte...

LE PLOMBIER : Comment ça, vous vous tâtez ? Vous n'allez tout de même pas les laisser en bas, au dernier échelon, au raz du sol, presque sous terre,

ALEX : À cet échelon, ça ne dépend plus de moi, c'est eux que ça regarde.

LE PLOMBIER : Comment ça, je croyais que c'était vous qui étiez censé contrôler tout ?
C'était que de la gueule !

ALEX : Mais non, pas du tout ! C'est vrai que je contrôle tout, mais il faut tout de même, et c'est un minimum, que les personnes en question soient honnêtement coopératives.

LE PLOMBIER : Que de la gueule ! Vous ne contrôlez rien !

ALEX : Mais si !

LE PLOMBIER : Mais non !

Silence.

ALEX : Je n'ai rien à vous prouver à vous !
Et d'abord, faites votre boulot ! Ce pour quoi vous êtes censé être là. Ce n'est pas dieu possible ça !
Ils ne sont pas encore réparés ces putains de robinets à la con !

LE PLOMBIER : Ça vient, ça vient... Si vous pouviez arrêter de me déranger comme ça, tout le temps ! Après on s'étonne que...
Non, mais c'est vrai, quoi !

Silence.

LE PLOMBIER : Mais taisez-vous donc ! Je ne peux pas travailler avec tout ce bordel ! Alors ça, ce n'est pas dieu possible ! Voilà que d'honnêtes travailleurs essaient de gagner leur vie honorablement. Et ce n'est pas toujours facile ! Et ça parle, ça parle, et ça parle. Et pendant ce temps, le travail ? Et bien, il n'avance pas ! Il recule même ! Alors vous m'excuserez si je fais mon boulot, c'est que j'ai une famille à nourrir, moi. Je ne suis pas liftier, moi ! Je ne promène pas les gens en ascenseur, moi !

ALEX : Si vous le prenez sur ce ton, je vous laisse à votre travail. Mais vous savez ce qu'il vous dit le liftier ?

LE PLOMBIER : Et je serais curieux de le savoir !

ALEX : Il vous dit merde, merde et merde !

Silence.

LE PLOMBIER, *soupire :* Puisque vous avez le culot de me parler ainsi, sur ce ton, de me traiter comme ça, je... je pars !

ALEX : Et bien, partez. Ça ne me dérange pas. Partez. Allez, partez !

LE PLOMBIER : Et vos robinets, vous savez ou vous pouvez vous les mettre ?

ALEX, *qui tend le bras vers une coulisse :* Sortez !

Le plombier se lève fièrement, ramasse ses affaires en oubliant une clé et avance vers les coulisses. Il lance un dernier regard fier à Alex, puis disparaît.

SCÈNE 3

Alex, seul, agité, déambule de droite à gauche sur scène.

ALEX : Il m'énerve !
Je n'ai que faire d'un plombier aussi énervant. D'autant plus qu'il est apparemment incapable de réparer correctement ces deux malheureux robinets. Il ne sait que parler. Il se sent obligé de raconter ses doutes intimes, de se plaindre. Comme si on était obligé de parler pour vivre !
Et puis d'abord, qui l'a appelé ? Ce n'est pas moi !
Ce n'est pas dieu possible d'être aussi maladroit... et malpoli !
(Soupire) J'imagine que ça va être encore à moi de faire preuve d'ingéniosité, et de tenter de réparer ces deux foutus robinets. C'est toujours la même chose. C'est toujours à moi de faire preuve, par-dessus tout, d'ingéniosité. Mais j'espère au moins, qu'après ça, je vais pouvoir me rincer

la gueule !

Il s'approche de la douche, et regarde les robinets. Il les tripote.

ALEX : Alors, qu'est-ce qui ne va pas ?

(Soupir) J'ai autre chose à faire, moi. J'ai d'autres obligations plus importantes pour mon esprit occupé. Il faudrait au moins que je pense à m'occuper des deux autres... le binôme fabuleux, le couple fortuitement désuni. Mais ça ne va pas être facile de choisir, soit de les regarder s'écraser platement au sol, soit de les aider à retrouver les chemins d'un indicible bonheur.

Qu'est-ce qui pourrait m'aider dans mon choix ? Quel détail pourrait m'amener à favoriser l'alternative préférable pour renforcer tout l'intérêt du jeu ?

Je ne sais pas. Je ne sais plus. Je ne l'ai jamais su. À chaque fois, je m'efforce de suivre pas à pas l'étalement des choses dans la réalité, et cela me donne la marche à suivre, pour le meilleur des mondes possibles... Du moins pour la seule possibilité.

Alors, encore une fois, je vais m'éviter de faire un choix. Je vais juste incarner pour un temps l'origine fictive des événements, en jouant le jeu du hasard. Mais bien évidemment, il n'y a pas de hasard, seuls des enchaînements de cause à effet qui demeure hors de portée de nos sens... de leurs sens.

Ah, quel bordel !

Et quel bordel dans la vie d'un homme et d'une femme. Ils en ont vraiment eu de gros problèmes. Leur attirance fraternelle d'abord, qui se fait de plus en plus pressante, plus ambiguë. Puis le petit pas

franchi, qui débouche sur un bouleversement prodigieux mais invisible, avec tout ce qui s'ensuit. Pour finalement aboutir au pinacle : l'enfant-roi, chéri de mère nature, idolâtrable en puissance... enfin du moins un ersatz.
Finalement, ils s'en sortent plutôt Bien... pour l'instant. La femme semble même y prendre un certain plaisir. Tiens, c'est comme si le fait d'avoir eut un enfant handicapé, ça l'avait rendue plus heureuse, plus joviale, plus guillerette.
Je ne comprends pas.
Voilà que sa vie entière est vouée à panser cette petite boule de pus, et elle ne s'en plaint pas. Elle rit de bonheur même. Elle n'a jamais été aussi heureuse. Comme si elle venait de découvrir, avec soulagement, la nouvelle orientation de sa vie !
Mais ne voit-elle pas que son existence va être un calvaire, un enfer d'un bout a l'autre. Et que va-t-elle passer son temps à faire, maintenant que se dessine ce poids énorme, cet enfant... différent ? Et bien, sa vie va se résumer, dans l'absolu, à cajoler, à caresser, à étayer, à torcher cet amas de morve qui lui sert de progéniture !
Enfin, je suis presque rassuré par le succédané de normalité qu'elle affiche parfois face à cette insurmontable épreuve. Lorsqu'elle feint d'ignorer son lot disposé dans son sac. Non, ça frise le grotesque ! Elle a des absences parfois. Elle oublie qui elle est. Elle oublie ce qu'elle est. Elle oublie son fils, son mari, son humanité. Enfin...
Je suis si curieux de connaître la suite de ce mélodrame, que j'en ai des frissons dans tout le corps. Ça m'excite !
Peut-être aurons-nous la chance d'avoir deux suicides, ou même trois si le petiot a un éclat de conscience !

Il continue à tripoter les robinets, quand un jet d'eau s'échappe d'un des tuyaux. Alex s'inquiète, et essai de contenir l'eau avec ses mains. Un deuxième jet d'eau se déclenche.

ALEX : Merde, merde, putain, chié à la con, Merde !

SCÈNE 4

Pendant qu'Alex est submergé par les jets d'eau, la sonnette retentie.

ALEX : C'est qui !

LE PLOMBIER *(Off)* : C'est ta mère !

ALEX : Ma mère, ma mère ici !

Le plombier entre sur scène.

LE PLOMBIER, *regardant les jets d'eau* : Je me suis laissé dire que vous aviez des problèmes.

ALEX : Ma mère est avec vous ?

LE PLOMBIER Ah ah, bon, ça va, OK, on a bien ri.
Maintenant que c'est fait, je vais les réparer ces robinets, oui ou merde ?

ALEX : Je vous en prie. Je ne sais pas ce qui s'est passé. J'ai essayé de remettre l'eau en route. Et l'eau s'est remise en route toute seule.

Le plombier s'agenouille devant les robinets. Il parvient après quelques efforts à arrêter les jets d'eau.

LE PLOMBIER : Voilà...

Il ne faut pas essayer de régler des problèmes de plomberie défectueuse tout seul. C'est dangereux. Il faut toujours faire appel à un spécialiste. Si je n'étais pas repassé par-là pour chercher ma clé de 15, vous seriez déjà submergé.

ALEX : Je regrette... sincèrement...

LE PLOMBIER : Alors, ne recommencez plus ! Chacun son rôle...

Silence. Le plombier cherche sa clé de 15 en regardant par terre. Il la trouve et la ramasse.

LE PLOMBIER : Ah la voilà.

Bon, puisque je suis la je vais jeter un petit coup d'oeil sur votre problème de robinets, hein ? Puisque je suis là.

ALEX : Je vous en saurai gré.

Le plombier commence à tripoter les robinets.

LE PLOMBIER, *fort :* Vous vous êtes calmé ?

ALEX : Quoi ?

LE PLOMBIER : Oui, elle est finie la petite crise ?

ALEX : Je ne vous permets pas !

LE PLOMBIER : Allez, ça va, c'est fini. D'ailleurs, je ne vous en tiendrai pas rigueur...

ALEX : Mais, attendez, vous... Oh, laissez tomber !

La clé échappe des mains du plombier, et tombe à terre.

ALEX : Très drôle, vraiment très drôle. Vous êtes un petit marrant, vous ?

LE PLOMBIER : Qu'est-ce que...

ALEX : Allez, vous l'avez fait exprès. C'est du comique de situation ?

LE PLOMBIER : Alors là... Je ne comprends strictement rien à ce que vous êtes en train de me dire.

ALEX : Vous avez raison, c'est plus drôle comme ça.

LE PLOMBIER, *qui s'énerve :* Mais c'est bientôt fini les sous-entendus graveleux là ? Je vous dis que je ne comprends rien. Ce n'est pas la peine d'en rajouter !

ALEX : Ne vous énervez pas, du calme ! Je dis juste ça pour vous être agréable.

PLOMBIER : Et bien... Vous feriez mieux d'être un tantinet plus agréable avec les trois autres. Eux qui n'ont vraiment rien fait... les pauvres. Vous auriez mieux fait de les laisser tranquille. Vous ne devriez pas intervenir dans le déroulement de la vie des gens si c'est simplement pour ça !

ALEX : Eh, attendez voir là ! S'il semble qu'opportunément j'interviens dans le cours de leur vie, c'est leur faute en fait. Ils croient voir, dans l'intervention hasardeuse de causes multiples, les actes d'un seul géant anthropomorphe, raisonnable en plus. Alors moi, qu'est-ce que je fais ? J'accours...

LE PLOMBIER : Vous accourez pour foutre le bordel !

ALEX : Le bordel était là avant que j'arrive...

Silence

ALEX : En plus, qu'est-ce que vous me reprochez ?

Si c'est de bouleverser le cours normal des choses, vous vous trompez. Je ne fais que m'immiscer dans le parcours du cause à effet, pour incarner, pour un temps, l'origine illusoire d'un fait remarquable a l'échelle humaine. Je ne suis pas un fouteur de merde. Je suis juste un bouc émissaire de luxe. On ne peut pas me reprocher mon incidence sur leur vie, je n'en ai aucune, du moins à part l'effet placebo.

LE PLOMBIER : L'effet placebo ?

ALEX : Oui l'effet placebo, la méthode Coué, le déroulé psychosomatique, appelez cela comme vous voulez. Ça recouvre le même concept en réalité. Il s'agit de penser que tout va pour le mieux dans un monde sensé, et l'individu qui procède de la sorte se sent tout de suite en meilleure forme, sinon...

LE PLOMBIER : Sinon ?

ALEX : Sinon, lorsqu'il est suffisamment conscient, et qu'il essaie d'affronter directement, de face, le vide métaphysique qui vous contient tous, l'individu en question risque de perdre pied... de sombrer...
Voyez cet homme, qui dans son insolente probité semble nier l'existence d'un quelconque sens de la vie, il risque gros.

LE PLOMBIER : Il risque gros ?

ALEX : Prenez cet homme et son foetus par exemple. Est-ce qu'ils croient en moi ?

LE PLOMBIER : Le foetus, ça m'étonnerait. Il ne croit sans doute pas, du moins je l'espère pour lui, au sac qui le contient. Mais l'homme ne semble pas... qu'est-ce qui va lui arriver, s'il ne croit pas en vous ?

ALEX : S'il ne croit pas en moi, confronté à l'adversité oppressante de la vie, il va peu à peu perdre pied, sombrer dans la dernière armure qu'il peut enfiler pour se protéger du vide métaphysique... la folie.
Et cette folie va tout entier le saisir.
Du reste, je n'ai aucune raison de me porter à son secours. Il la mérite sa sentence. C'est donc avec flegme et détachement que je le laisse tout seul au fond de sa désespérance...
Je le laisse dans sa merde ! *(pris de tics nerveux)* Oui ! Dans sa merde !
Il ne va pas falloir, en plus, que je m'occupe du bonheur des athées, ou pire, des agnostiques !

LE PLOMBIER.: Je vous rappelle que je suis athée.

ALEX : Ca reste à prouver.

PLOMBIER : Puisque je vous le dis !
D'un autre coté, vous semblez le faire descendre vers d'obscures plaines inhospitalières et après ça vous le laissez esseulé ?

ALEX : Exactement !

LE PLOMBIER : Je me mets à sa place, je n'aurais pas trop envie de croire en quelque chose de votre type. Ce n'est pas très utile.

ALEX : Utile ? Je ne serais pas utile à votre avis ? Je n'aiderais pas les gens à vivre heureux à votre avis ? Je ne leur apporterais pas un but dans l'existence ?

Regardez-vous, athée comme vous prétendez l'être, êtes-vous heureux ? Avez-vous résolu la question ontologique à savoir pourquoi vous êtes encore en vie ? Pour quelle raison profonde, actuellement, vous pouvez quelque peu vous agiter ?

LE PLOMBIER : Je...

ALEX : Il n'y a aucune raison apparente pour que vous viviez en réalité. Les raisons, il faut se les créer, se les inventer. Il est nécessaire d'élever au moins une illusion pour vivre, celle du sens de la vie. Et moi, je participe de cette illusion.

Silence.

LE PLOMBIER : Non !

ALEX : Comment ça, non ?

LE PLOMBIER : Non, je suis athée ! Les athées ne croient pas en quelque dieu que ce soit ! Vous n'existez pas ! Tout cela n'existe pas ! Je suis en train de délirer ! Juste un délire passager...

ALEX : Qu'est-ce que vous faites, en ce moment, ici ?

LE PLOMBIER : C'est à cause... à cause du problème de robinet.

ALEX : Mais si je n'existe pas, pourquoi ces robinets existeraient-ils ?

Silence.

LE PLOMBIER, *consterné* : *Je...* je suis contre les tentatives de suicide.

ALEX : Pourquoi dites-vous ça ?

LE PLOMBIER : Je suis contre, je vous dis !

ALEX : Est-ce que vous reconnaissez qu'il est difficile, sinon impossible, de survivre sans croire en un dieu ? Un dieu qui apparaît pour donner sens a la vie. Un dieu nécessaire a l'équilibre psychique de chaque individu quelque peu conscient.

Vous seriez donc croyant en fait, croyant par lâcheté, un pleutre qui n'aurait pas le courage de ses convictions.

LE PLOMBIER, *dégoûté :* Et qu'est-ce que vous pensez que ça aura comme incidence sur ma vie ce genre de reconnaissance officielle de mes convictions les plus intimes ?

Silence.

ALEX, *complice* Vous n'avez jamais essayé de mettre un terme à vos jours ? Juste essayé...

LE PLOMBIER : Je suis contre, je vous dis.

ALEX : Alors vous ne connaîtrez jamais la chance d'effleurer l'extase absolue de l'immortalité !

PLOMBIER : Comment ça ?

ALEX : Le suicide raté, c'est comme une preuve d'immortalité. Ne pas parvenir à mourir, être confronté directement à la solide chaîne qui vous retient a la vie...

LE PLOMBIER : C'est un peu dangereux comme méthode pour se sentir immortel, non ?

ALEX : Au contraire, et si ça réussi, de toute façon, peu t'importe.

LE PLOMBIER : Quand même, si ça réussi, tu n'es pas dans la

merde.

ALEX : Non tu n'es pas dans la merde, puisque tu disparais, tu t'anéantis... tu meurs.

LE PLOMBIER, *qui semble réfléchir* Alors, si j'ai bien compris votre raisonnement, soit on effleure de son esprit la douce torpeur de l'immortalité... soit on meurt ?

ALEX : Exactement.

LE PLOMBIER : Mais alors, vous êtes pour le suicide, vous ?

ALEX : Je suis pour que les hommes se prouvent à eux-mêmes qu'ils sont immortels, en tentant d'abroger leur vie, en tentant juste...

LE PLOMBIER : Parce que si ça réussi...

ALEX : Ça ne réussi jamais pour l'homme qui essaye !

LE PLOMBIER : Si, quelquefois...

ALEX : Non, jamais ! Jamais, pour l'homme qui essaye. Il ne prend jamais conscience de sa propre réussite !

LE PLOMBIER : Parce qu'il meurt.

ALEX : Oui.

Silence.

LE PLOMBIER : Et vous, vous avez essayé ?

ALEX : Je suis immortel par définition. Je ne suis qu'une illusion confortable. Et je suis suffisamment heureux comme ça.

LE PLOMBIER : Moi aussi, je suis heureux !

ALEX : Mais je le conseille aux autres.

LE PLOMBIER : Moi aussi, je le conseille aux autres.

ALEX : Voila...

LE PLOMBIER : Oui...

Silence

ALEX : On parle, on parle, et les robinets, ça ne se répare pas tout seul !

LE PLOMBIER : C'est vous qui n'arrêtez pas de me parler ! On avait dit que j'arrêtais de travailler le temps de parler. Et là, ça va être encore de ma faute !

ALEX : Mais vous ne pouvez pas essayer de travailler en parlant ?

LE PLOMBIER : Non, je ne peux pas ! La plomberie, ce n'est pas si facile ! Ça en a l'air comme ça, mais pas du tout ! Il faut se concentrer. Oui, se concentrer, et encore ça ne suffit pas toujours.

ALEX, *il soupire :* OK, entendu, j'ai compris.

Silence. Le plombier répare le robinet. Alex le regarde faire. Le plombier semble gêné, il regarde Alex. Celui-ci détourne les yeux. Le plombier se replonge dans son travail. Alex le regarde faire. Même jeu plusieurs fois.

PLOMBIER : Ça ne va pas.

ALEX : Quoi ?

LE PLOMBIER : Non, c'est comme la dernière fois. Je ne peux pas travailler correctement si, dans mon dos, quelqu'un n'arrête pas de me scruter !

ALEX : Je vous scrute ? Vous êtes agaçant !

LE PLOMBIER : Oui peut-être, mais c'est comme ça que ça fonctionne !

ALEX : Ok, ok, je ne vous regarde plus.

Le plombier se remet au travail. De temps en temps, il se retourne pour regarder Alex. Celui-ci regarde en l'air Alex finit par remarquer le jeu du plombier Ils se regardent tous les deux, gênés.

LE PLOMBIER : Voilà...
(Il se replonge dans son ouvrage.) Aïe ! C'est quoi cette... merde. Putain de tuyau ! Putain d'enculé de sa mère ! Quel est le putain d'enculé de sa mère qui a foutu ça là ?

Le plombier extrait quelque chose du robinet. Il présente à Alex une tétine d'enfant.

LE PLOMBIER : C'est vous ?

ALEX : Non. Qu'est-ce que c'est ?

LE PLOMBIER : Ça m'a tout l'air d'être la tétine du petit. C'était la tétine du petit qui était coincé dans le tuyau !

ALEX : Quel petit ? Ah, le petit... Mais nom de dieu, qu'est-ce qu'elle foutait là sa tétine ?

LE PLOMBIER : Et bien, je voudrais bien le savoir.

ALEX : En tout cas, ce n'est pas moi.

LE PLOMBIER : Si ce n'est pas vous, qui est-ce qui a coincé cette putain de tétine dans ce putain de tuyau ?

ALEX : Je ne sais pas.

Le plombier regarde Alex avec intensité

ALEX : Puisque je vous dis que ce n'est pas moi ! Ça suffit là ! Pourquoi est-ce que j'aurais coincé une tétine dans le tuyau de mon robinet de douche, alors que j'avais dans l'intention de prendre une douche ?

LE PLOMBIER : Bon, bon, alors la tétine est arrivée là par la grâce du saint-esprit.

ALEX : Vous... vous m'accusez encore, là ?

LE PLOMBIER : Non non, c'est une expression. Par la grâce du saint-esprit, ça veut dire par... par hasard.

ALEX, *à part* : Par hasard, comme si ça voulait dire quelque chose.

LE PLOMBIER : Si ! Ça veut dire que ça arrive sans que ce soit causé par quoi que ce soit... par hasard, quoi !

ALEX : Parce que vous croyez que quelque chose peut se produire sans une cause première ? Mais tout a une cause, qui elle-même a une cause, et ainsi de suite.

LE PLOMBIER : Mais...

ALEX : Et ce que vous appelez le hasard, c'est la méconnaissance des causes.

LE PLOMBIER : Oui mais...

ALEX : Il n'y a pas de mais, si vous croyez qu'une tétine peut se mouvoir par elle-même, et venir, avec ses petites pattes, se glisser dans le tuyau d'un robinet, et bien vous vous trompez.

LE PLOMBIER, *qui s'énerve* : Mais alors, qui a bien pu la mettre là cette tétine ?

ALEX : Et d'abord tu me parles sur un autre ton...

Silence

LE PLOMBIER : Excusez-moi. Mais ça m'agace de ne pas savoir ce qui s'est passé.

ALEX : Et bien, procédons de manière logique. Où l'avez-vous trouvé cette tétine ?

LE PLOMBIER : Et bien, là *(il montre les robinets),* coincée dans le tuyau du robinet. Elle obstruait les deux tuyaux, mais était coincée dans le tuyau de droite, le tuyau d'eau chaude.

ALEX : Ah, c'est un indice, le tuyau d'eau chaude, le robinet de droite.

LE PLOMBIER : Quel indice ?

ALEX : Et bien, la tétine était coincée dans le robinet de droite, le robinet d'eau chaude, et non dans le robinet de gauche, le robinet d'eau froide.

LE PLOMBIER : Et qu'est-ce que vous voulez que ça me fasse ?

ALEX : C'est un indice, c'est tout !

LE PLOMBIER : Bien l'indice !

ALEX : Oh c'est simple pour vous. Vous ne cherchez pas.

LE PLOMBIER, *hautain* : Oui mais moi j'ai la noblesse d'esprit d'essayer de réfléchir, au moins.

Silence.

ALEX : Je dis que c'est un indice parce que la personne qui a mis là cette tétine a certainement réfléchi à savoir dans lequel de ces tuyaux la mettre. Et si elle y a réfléchi c'est bien parce qu'il avait une raison. CQFD !

LE PLOMBIER : CQFD ? CQFD ? Et pourquoi ne l'aurait-elle pas mis là au hasard ?

ALEX : Il n'y a pas de hasard !

LE PLOMBIER : Je veux dire sans réfléchir, inconsciemment ?

ALEX : Parce qu'il ne faut pas pousser ! Si maintenant n'importe qui fait n'importe quoi sans réfléchir, on n'a pas fini !

LE PLOMBIER : Ça arrive.

ALEX : Tout arrive ! Si on commence à réfléchir sur la raison de gestes fait dans la plus absolue inconscience, on n'en finira pas !

LE PLOMBIER : Parce que vous croyez que vous faites tous vos gestes quotidiens en connaissance de cause. Tenez, par exemple la douche que vous avez essayée de prendre, elle était partie pour être consciente ?

ALEX : Mais ce n'est pas le problème de gestes quotidiens. Coincer une tétine dans un robinet n'est pas un geste quotidien. Il faut bien avoir une idée en tête pour faire ça.

LE PLOMBIER : Peut-être qu'il ou elle voulait vous faire remarquer la tétine, en la coinçant là. Et elle y a réussi.

ALEX, *qui s'énerve* : Mais pourquoi dans le robinet d'eau chaude, le robinet de droite ?

LE PLOMBIER : Mais je ne sais pas moi ! Pourquoi pas?

ALEX : Et bien moi, ça m'agace de ne pas savoir ce qui s'est passé.

Silence.

LE PLOMBIER : En fait, moi je suis juste là pour réparer. Je ne vois vraiment pas pourquoi ça me gênerait.

ALEX : Vous n'êtes pas curieux ?

LE PLOMBIER, *posé* : Non, je suis juste là pour faire un travail. Et je le fais. C'est tout.

ALEX, *à part* : La droite, c'est l'ordre pur, la raison ordonnée et carrée. C'est peut-être pour ça que la tétine bouchait en priorité le tuyau de droite…

LE PLOMBIER : Vous ne m'écoutez pas. Je réponds à l'une de vos questions et vous ne m'écoutez pas.

ALEX : Et la gauche c'est la douce folie, l'absurde langoureux, le doux désordre qu'on voudrait laisser libre de s'étaler…

LE PLOMBIER : Je m'en vais.

ALEX : Quoi ?

LE PLOMBIER : Je pars. De toute façon, j'ai fini. Ils marchent vos robinets. Alors je m'en vais.

Le plombier ramasse ses affaires, il se lève.

ALEX : Mais, c'est dommage, on commençait à bien s'entendre.

LE PLOMBIER : Vous plaisantez ?
Je réponds à l'une de vos nombreuses questions, très poliment, et vous ne trouvez rien de mieux que de délirer sur le côté carré du robinet bouché ! Ça m'énerve ce genre d'attitude ! C'est vraiment se foutre du monde ! Vous n'êtes pas là pour divaguer sur de soi-disant indices qui n'interfèrent en rien sur déroulé psychosomatique de votre existence ! Vous n'existez pas pour ça ! De toute façon, vous n'existez pas. C'est ce que vous avez tenté de me faire comprendre entre deux de vos tentatives de faire avorter mon intime conviction de l'utilité prometteuse de la vie. Vous avez tenté de me faire désespérer... et bien, c'est raté !
Non, je ne crois pas en vous. Non, je ne croirais jamais en vous !
Je ne croirai jamais en un être qui soit capable d'un tel désordre, d'un tel foutoir. Autant croire que la folie soit l'état normatif de l'être humain, et que la raison soit pathologique !
Je vais donc sortir de scène, sortir de ce délire, retourner à la vie…

ALEX : Puisque vous le prenez comme ça.

Le plombier sort par où il est arrivé.
Il réapparaît quelques secondes plus tard.

LE PLOMBIER : Et je vous enverrai la note !

Le plombier sort définitivement.

SCÈNE 5

Alex, seul, un instant interloqué, se reprend et marche de long en large. Il passe devant la douche, s'arrête, ouvre l'un des robinets, exulte à la vue de l'eau qui coule. Il se tortille de plaisir un instant, puis se reprend.
Au bout d'un instant la sonnette retenti.

ALEX : Oui, qui c'est encore !

Le garde anglais fait son apparition. Il s'approche d'Alex qui le regarde sans bouger.

LE GARDE : God save the qu...

Le garde regarde autour de lui, inquiet. Il s'avance au centre de la pièce, puis fait demi-tour et ressort par où il est venu, en pressant le pas.

SCÈNE 6

Alex, un instant interloqué, se reprend.

ALEX : Bon, ce n'est pas tout ça, mais je vais peut-être pouvoir la prendre cette putain de douche !
En tout cas, j'ai eu le temps de m'y préparer !

Voilà à quoi je suis rendu. Attendre avec une extrême impatience que le ruissellement de l'eau sur mon corps parvienne à apaiser mes démangeaison cutanées. Voilà maintenant ce qui est abandonné au coeur de mes pensées, ce qui obnubile le déroulement nauséeux de ma cognition malade. Je n'aurais jamais cru en arriver Je ne parviens plus à penser à autre chose. L'eau... ma peau...

Je suis nu. Je suis nu devant le plombier. Je suis nu devant les robinets. Je suis nu devant tout le monde. Je suis nu devant n'importe qui qui s'aventure ici. On peut ainsi regarder mon intimité, mes faiblesses, mes secrets. L'homme a dès lors accès à des évidences qu'il ne soupçonnait même pas. Or je n'ai pas vraiment froid. J'ai même un peu chaud. *(Il se gratte.)* Se pourrait-il que sautiller nu devant une douche en dérangement, soit l'activité pour laquelle j'ai été créé. Ou bien n'est-ce là que la conclusion grotesque mais manifeste de deux millénaires de gloire ininterrompue ?

Au moins ça fait parler de moi. Ça fait s'agiter les corpuscules qui inondent l'univers de leur inutilité latente. Ah que c'est bon d'exister ! Même si ce n'est que dans les rêves des populaces qui n'ont connu que la peur du vide de sens évident de tout ce bordel.

Je vais donc paraître à nouveau, dans l'esprit orienté de ces deux quidams, comme l'origine consciente des situations qui parviennent à se mettre en place. Et cela va comme d'habitude changer d'orientation. Parce que tout change. Ainsi, malgré leur évidente désobéissance aux lois naturelles, qui les ont menées là où ils sont, l'homme, la femme et sans doute leur progéniture vont enfin à nouveau connaître le bonheur.

L'arrivée de l'enfant... différent devait mettre un terme à leurs pérégrinations en dehors des lois évolutives fondamentales, mais cela n'a fait que renforcer leur prétention à vivre. Peine perdue. Alors, je renverse la vapeur ! J'essaie une autre tactique. Il faut bien que je fasse quelque chose, sinon quel est mon rôle ici-bas ?

De toute façon, vu que je suis censé être l'apparence de la multiplicité des situations juxtaposées, il vaut mieux que je sois en phase avec la réalité. Et cela signifie que si le vent tourne, il faut sembler en être l'origine. Et le vent tourne souvent, continuellement. Après la pluie vient toujours le beau temps. Alors, par analogie, évidemment, il semble que moi aussi je change catégoriquement d'avis, au fur et à mesure qu'en prend conscience l'humanité.

Donc le vent va tourner, la situation qui va prendre place va être propice au bonheur et la continuité de la vie du couple va bien évidemment trouver une putain de justification. Elle ne peut trouver que ça finalement, vivre étant le plus sûr et le seul moyen de justifier la vie !

Moi qui voulais qu'ils s'anéantissent, pour préserver la pureté du système qu'ils avaient pourfendu à deux reprises, l'évolution naturelle. Je me retrouve à devoir les accueillir dans un profond bonheur, pour rester en phase avec les oscillations du destin.

Je ne comprends plus rien !

Mais il y a bien longtemps que je ne cherche plus à comprendre. Je me contente simplement de me conforter dans mon être, en me laissant glisser tout au long du déroulement chaotique de l'Être. Pour exister simplement...

Ah, quel bordel !

Mais quel beau bordel...

Alex entre dans la douche, il tire le rideau, ouvre l'eau, et exulte. L'eau ruisselle sur le rideau de douche.
Le rideau se baisse alors qu'Alex se met à entonner l'air du toréador de Carmen.

FIN DE L'ACTE II

ACTE III

L'action se situe dans un wagon-restaurant de première classe. Du style de l'Orient Express, l'intérieur est cossu, raffiné et kitch. L'endroit est désert, mais un fin filet de fumée qui semble s'échapper de l'extrémité du wagon révèle la présence d'un personnel affairé aux fourneaux. Le tout est baigné dans une lumière d'intérieur diffusé par les petites lampes typiques de l'Orient Express.

Du dehors nous parvient encore, à travers les rideaux tirés, un fin rayon rougeâtre qui s'amenuise. Ce rougeoiement semble nous signaler que le crépuscule s'achève.

Le tout est par moments agité de soubresauts comme si le train était en marche.

SCÈNE I

Au moment où le rideau se lève, l'endroit est désert. Peu de temps après la femme fait son apparition, portant son sac, suivie juste derrière de l'homme qui a revêtu pour l'occasion une blouse blanche de docteur et qui porte autour du cou un stéthoscope.

La femme s'approche de l'une des tables, s'y assoit, se relève et change de table. L'homme derrière elle attend qu'elle soit assise, puis repart par où il est venu, pour revenir lorsqu'elle se relève. Même jeu plusieurs fois. Enfin elle trouve une table qui lui convient, une petite table située dans le coin gauche.

L'HOMME, *agacé :* Cette table vous convient-elle ?

LA FEMME : Oui.

Je voudrais manger. Je peux commander ? Ce n'est pas trop vous demander, j'espère ?

L'HOMME : J'ai la tête d'un serveur ? *(Il remue son stéthoscope.)*

LA FEMME : Excusez-moi... docteur. Vous seriez si sympathique de m'appeler un serveur.

Si vous pouviez me rendre ce petit service. *(Elle lui sourit.)*

L'HOMME, *agacé :* Tout de suite !

L'homme se retourne un instant, enlève son stéthoscope de son cou et le met dans la poche de sa blouse. Une tétine pour bébé tombe à ce moment-là de sa poche. Il la ramasse et la présente à la femme.

L'HOMME, *complice :* Tiens, j'ai trouvé ça dans ma poche. Ça doit être au petit, au p'tiot.

LA FEMME, *qui sourit tendrement :* Merci... Elle s'était égarée. Je ne sais pas où. Elle ne fait que tomber. C'est vrai que le petit n'a pas de dents pour la retenir. D'ailleurs il n'a pas de bouche non plus. On ne sait jamais où l'enfiler. On a toujours peur de se tromper de trou. Il a tellement de trous disponibles.

L'HOMME : Oui, c'est cela.

L'homme et la femme se regardent un instant en se souriant tendrement. Puis ils se reprennent.

LA FEMME : Nous désirions, moi et mon fils, souper !

L'HOMME : Est-ce que c'est la vérité toute nue... l'ignoble vérité ?

LA FEMME : Oui !

Silence.

L'HOMME : Je vous donne tout de suite le menu. *(Il attrape le menu posé sur la table, et lui tend.)* Vous choisissez, vous m'appelez. *(Il s'écarte d'un pas et attend la main posée sur l'autre au niveau de son aine.)* Vous choisissez, vous m'appelez. Vous m'appelez quand vous aurez choisi. Vous avez juste à m'appeler quand...

LA FEMME : C'est bon !

L'HOMME : Je suis là !

LA FEMME : Je vous ai vu !

L'HOMME, *en notant sur un carnet :* J'accélère parce qu'on est un peu à la bourre, là.

Alors vous me dites... un potage aux oignons, c'est fort les oignons, vous savez ? Suivi d'une alouette confite, et puis une part de notre délicieux clafoutis aux fraises. Bien...

LA FEMME : Tu es pressé d'en finir ? Tu as peur de t'appesantir sur mes problèmes. C'est un peu facile comme procédé, tu ne crois pas ? Mais je ne vais pas m'énerver, je vais rester calme, si calme que ça va en devenir oppressant...

L'HOMME : Aux framboises, le clafoutis ?

LA FEMME : Non, aux myrtilles.

L'HOMME : Quelle année ?

LA FEMME : Je voudrais aussi un radiateur... bien chaud, et une autruche.

L'HOMME, *en notant :* L'année dernière ? Là, vous avez tort, c'est une bien piètre année en vérité, l'année dernière, bien piètre !

Enfin... bien... et bien je vous remercie de votre commande, et vous souhaitons un agréable voyage dans nos trains.

LA FEMME : Ecoute-moi.

L'HOMME : Je voudrais bien, mais j'ai du travail.

LA FEMME : Tu manques de courage, oui.

Mais enfin, tu l'as voulu aussi ce gosse ! Ce n'est pas moi qui l'ai faite toute seule. On était deux pour copuler tendrement. On s'est aimé à cette époque.

C'était juste l'année dernière, je te rappelle.

Tu... Tu y as même pris du plaisir, non ?

L'HOMME : Ecoute, je voudrais bien en parler, mais là, j'ai du travail !

LA FEMME : Tu as toujours quelque chose de plus important à faire. C'est...

L'HOMME, *soupire* : Bon, je t'écoute ! *(Il s'assoit face à la femme.)* Un instant...

LA FEMME : Est-ce que... est-ce que... est-ce que tu m'aimes... encore un peu ?

L'HOMME : Tu ne vas pas recommencer avec ces putains de questions futiles ? Combien de fois va-t-il falloir te le répéter ?

LA FEMME : Oui ?

L'HOMME : Hein ? Combien de fois ? Enfin Chloé, soit sérieuse.

LA FEMME : Tu ne m'as jamais dit si tu m'aimais.

Tu t'es servi de moi pour parvenir à ce putain d'instant de plaisir extatique, c'est tout.

Je n'ai été qu'une pute pour toi. Même pas une pute, une poupée gonflable.

Je te hais.

L'HOMME : Mais enfin, je ne te permets pas ! J'ai connu des putes très sympathiques, et des poupées gonflables très jolies !

LA FEMME : Ose dire que tu m'as simplement aimé pour autre chose que pour mon cul !

L'HOMME : Non.

LA FEMME : Ose le dire, hein, ose le dire que tu m'as seulement aimé

L'HOMME : Non, non et non !

LA FEMME : Ose le dire, *(elle éclate en sanglot)*

Silence.

L'HOMME : Bon, arrêtons un peu de diverger ! Ça part vraiment dans tous les sens. C'est quoi ce bordel ? Reprenons-nous !

Je suis là pour noter ce que toi et... et l'autre tordu, là *(il regarde le sac)*, vous allez manger. *(Il se lève, prend son carnet et son stylo.)* Alors je t'écoute.

LA FEMME, *entre deux sanglots* : Je... Je voudrais un potage à l'oignon, une alouette confite, saignante, et une part de votre délicieux clafoutis aux fraises... Non, aux myrtilles.

Pour le petiot, juste une soupe... avec une paille... merci.

L'HOMME, *qui finit de noter* : Bien... *(Il s'assoit.)*

Ça arrive tout de suite. *(Il lui prend la main.)*

Parle-moi un peu de toi. N'aie pas peur. Est-ce que tu t'en sors avec le petit, avec le petiot ? Tu n'as besoin de rien ? De la tendresse, de l'amour, des fleurs... de l'argent ?

LA FEMME, *qui se lève :* Oh oui, de l'argent !

Silence. Elle se rassoit, un peu honteuse.

L'HOMME : Comme ça tu as besoin d'argent ?

On arrive enfin au fond du problème. De l'argent, de l'argent, toujours de l'argent ! Tu ne peux pas me demander de la tendresse, de l'amour ou bien des fleurs ? Il faut que ce soit de l'argent, bien sûr.

LA FEMME : Je veux bien des fleurs aussi.

L'HOMME : C'est normal !

LA FEMME : J'aime bien les fleurs.

L'HOMME : C'est entendu !

LA FEMME : Oui. J'aime bien les baisers aussi.

L'HOMME : C'est... Non ! Je... Je ne peux pas.

LA FEMME : Pourquoi pas... mon tendre amour ?

L'HOMME : Ça fait trop longtemps maintenant. Arrête de regarder en arrière. Ce n'est pas bon de regarder en arrière, et de se replonger dans le passé. Ce n'est pas sain.

LA FEMME : Fais-le au moins pour l'enfant.

L'HOMME : Pour qui ?

LA FEMME : Pour l'enfant !

L'HOMME : Ah, l'enfant ! Et tu crois que ça va changer quelque chose ?

C'est du passé pour lui aussi, tu sais ?

D'autre part, si je ne veux pas penser au passé, c'est surtout pour éviter fugitivement d'avoir à me frotter encore une fois à mes vieux démons. *(Il toussote.)*

Silence. La femme renifle, puis fond en larmes.

L'HOMME : C'est une image !

Je ne veux pas te froisser. Je ne parle pas de toi.

Oublie tout ce que j'ai dit.

LA FEMME, *entre deux sanglots* : Tu ne m'as jamais traité de la sorte... Surtout devant le gamin.

L'HOMME, *mécaniquement* : Je m'excuse. Pardonne-moi. Je t'en prie.

LA FEMME, *qui sèche ses larmes* : Mon aimé... mon amour... bien sûr que je te pardonne.

Silence.

L'HOMME, *blasé* : Laisse-moi, laisse-moi t'embrasser, mon amour, ma chérie, ma petite boule métaphorique.

L'homme s'avance vers la femme, il la saisit par les épaules et l'embrasse goulûment. Quelques instants après, ils se séparent, épuisés, la femme heureuse, l'homme flegmatique.

LA FEMME : Dis donc !

L'HOMME : Ça, tu l'as dit.

LA FEMME : Et devant le gosse en plus !

L'HOMME : Tu l'as bien cherché.

LA FEMME : Comment ! Mais c'est toi au contraire qui...

L'HOMME : Ah la salope ! C'est bien une femme ça ! La salope !

LA FEMME : Ne m'insulte pas, je t'en défends. Que tu aies osé... et en plus devant le petiot.

L'HOMME : Le petiot, le petiot ! Il n'est même pas capable de reconnaître sa mère, le petiot. Il n'est même pas capable de reconnaître quoi que ce soit. Je doute même qu'il soit touché par un quelconque concept de reconnaissance. Il est déshumanisé ce gosse.

Il est moins humain que... qu'une huître !

LA FEMME : Tu es infâme.

L'HOMME : Non, bordel de dieu, je suis un homme, tu entends ! Un homme qui souffre d'avoir une descendance aussi déstructurée. Un homme qui se pose des questions à savoir pourquoi est-ce que ça lui est arrivé à lui. Est-ce qu'il porte en lui le germe de cette absurdité de l'être ? Est-ce sa faute ?

LA FEMME : Je comprends surtout que tu ne l'aimes plus, ce gamin.

L'HOMME : Attend, tu ne comprends pas, je ne l'ai jamais aimé moi, ta petite boule de sueur. C'est ton fils si tu veux, si on peut appeler ça un fils. Mais je n'ai jamais considéré que cet amas de chairs informes pouvait un jour me donner toute la joie que je peux attendre d'un enfant.

J'ai une conception suffisamment haute de l'homme pour considérer que cet ersatz d'embryon spongieux ne pourra jamais m'apparaître comme un petit de la même espèce.

LA FEMME : Comment l'appelles-tu ?

L'HOMME : Qui ça ?

LA FEMME, *fort :* Notre fils, comment tu l'appelles !

L'HOMME : Mais ne t'énerve pas ! Je l'ai appelé comme... comme toutes les fois où je l'ai appelé ! Comment veux-tu que je l'appelle ? Mon trésor, mon amour, ma fleur ? Ou mieux encore, mon bouton d'églantine, ma boule de pollen ? Ma petite boule de pue !

LA FEMME : Pas comme ça, tu n'as pas le droit !

L'HOMME : Petite boule de pus, de pus ! Petite boule de glaire !

La femme retient ses larmes.

L'HOMME, *soupire :* Tu ne va pas te remettre à chialer en plus ! Enfin, je disais ça comme ça, pour rire. Ce n'est pas méchant.

Tu ne vas pas le croire, mais... mais j'ai de la considération pour ce gamin. C'est étonnant, non ? Je ne l'aime pas, c'est un fait. Mais j'ai de la considération pour lui.

Quand tu le transportes dans ton sac, je pense au noir qu'il fait là-dedans. Et même si on ne lui a pas trouvé d'yeux, j'ai l'impression qu'il ressent le noir autour. J'ai le sentiment qu'il s'émeut de sa position, qu'il s'embarrasse de nous coûter autant.

J'ai l'impression, parfois, qu'il souhaiterait nous peser moins, qu'il voudrait bien disparaître doucement, insensiblement, pour laisser la place à un petit frère, un petit frère normal, bipède et céphalien.

LA FEMME, *renifle* : C'est vrai ce que tu dis ? Tu le penses vraiment ?

L'HOMME, *agacé* : Mais oui... Allez, qu'est-ce qu'on mange. Je veux dire qu'est-ce que tu manges, toi et... l'autre tordu, là !

LA FEMME : Tu avais pourtant dit que...

L'HOMME : Pourquoi ? Je n'ai pas le droit d'appeler mon fils "l'autre tordu". C'est interdit ? J'aurais le droit de l'appeler "ma petite boule", mais pas "l'autre tordu" ! C'est insensé ! Il n'y a plus de liberté, que diable !

LA FEMME : Ne parle pas de lui, s'il te plait. Je t'en prie.

L'HOMME : Pourquoi ? T'es superstitieuse. Tu n'es pas que moche et bête, t'es en plus superstitieuse !

T'es vraiment trop... trop conne !

LA FEMME : Comment ! Je ne te permets pas !

Tu peux toucher au gosse, il le mérite, et pas qu'à moitié, mais ne me mêle pas à tes affaires, tu veux bien ? Tu me dois un minimum de respect.

Silence.

L'HOMME : Bon, exc...

LA FEMME : Ca va un peu, là !

Silence.

L'HOMME : Je m'exc...

LA FEMME : Que... que tu insultes l'autre tordu, là, ça ne me dérange qu'à moitié, il le mérite. Mais que tu oses me parler sur ce ton, que tu oses me traiter ainsi, moi qui l'ai porté ce... cet... cet enfant. Vraiment, je ne te le permets pas !

Ça fait un petit moment que je te regarde faire. Et j'en suis convaincu, tu as changé. Tu as changé ta façon de me parler, de me voir, de me considérer. Maintenant, tu m'insultes comme autrefois nous avons fait l'amour, avec une intensité outrageante. Et là où je jouissais de ta performance, aujourd'hui je ne peux plus l'accepter en ces termes.

Il en est hors de question !

Silence.

L'HOMME : Mais... on parle, on parle. Si on ne peut même plus parler, ça ne sert à rien que...

LA FEMME : Que quoi !

L'HOMME Que l'on se supporte !

Silence.

LA FEMME : Quoi ? Tu serais près à me quitter, moi et l'enfant ? Tu veux dire que tu serais près à nous laisser tomber, nous abandonner, comme une grosse merde ?

Ton enfant, ton enfant ! Tu le laisserais crever entre les lambeaux de cuir noircit de mon sac, tu le laisserais crever la bouche ouverte... Ou peut-être plutôt ce qui lui sert de bouche, parce qu'on ne lui en a pas trouvé. Mais ça n'est pas la question !

Il peut évoluer, prendre forme. Et si un jour il prenait forme humaine, si un jour il se révélait être un adorable petit garçon, qu'en serait-il de ton mépris ? Tu regretterais de ne pas l'avoir bercé, de ne pas l'avoir aimé. Tu regretterais ton détachement. Tu regretterais de m'avoir quitté.

L'HOMME : Bon, ce n'est pas tout ça, mais j'ai faim, moi.

LA FEMME : Et puis est-ce que tu l'aimerais s'il était normal ? Est-ce que tu l'aimerais comme un père doit aimer son enfant ? Tu n'as jamais éprouvé quelque chose qui se rapproche de près ou de loin à de l'affection pour ce petit bout de choux... de potée aux choux.

Depuis l'instant où tu t'es retiré de moi, tu as feint de ne t'apercevoir de rien, des changements qui s'opéraient en moi

L'HOMME : Ils servent jusqu'à quelle heure ?

LA FEMME : Et le soir de mon accouchement, tu es sorti. Tu es revenu plus tard, bien plus tard, des mois plus tard. Tu n'es jamais revenu.

L'HOMME : Il est quelle heure ?

LA FEMME : Et la tu veux nous quitter a nouveaux ?

L'HOMME : C'est que je n'ai pas que ça à faire, moi.

Silence.

L'HOMME : J'ai du travail.

Silence.

L'HOMME : Un tas de travail.

LA FEMME : Tu ne m'écoutes pas ? Tu ne m'écoutes jamais.

L'HOMME : Mais si, je t'écoute. Je t'écoute tout le temps. Je t'écoute déblatérer tes déboires avec ton fils depuis le début.

LA FEMME : Si tu m'écoutes, alors dis-moi, qu'est-ce que je viens de raconter ?

L'HOMME : Je... mais qu'est-ce que ça peut bien faire ? Ça ne va pas faire avancer cette putain d'histoire si je me mets à répéter tout ce que tu dis ! Il faut être logique, si on veut que ça débouche sur une conclusion, il faut parler de choses cruciales, intéressantes. C'est un minimum !

Je ne sais pas moi...

Tiens... tiens, parle-moi des moments de bonheur que tu as rencontré grâce à ton fils.

LA FEMME, *d'abord doucement :* Il est très mignon. Il n'est pas méchant. Il n'a pas de bouche. C'est pourquoi il ne peut pas crier. Il ne peut pas faire de bruit, d'ailleurs... sauf des "floc, floc" quand il est content. Pour le nourrir, c'est un autre problème. Sauf qu'il ne mange pas beaucoup. Il digère en extérieur, mais c'est une autre histoire.

Il dort beaucoup... bien... profondément.

Au moins comme ça, il ne me fait pas sentir le poids de ma culpabilité. Parce que je suis certainement coupable de quelque chose. J'ai sans doute fait quelque chose de mal.... de vraiment mal.

Sinon ce n'est pas juste. *(Elle a des sanglots dans la voix.)*

L'HOMME : C'est le hasard.

LA FEMME : Comment ça le hasard, parce que le contenu de toute ma chienne de vie découle étroitement, et en droite ligne, d'un fait du hasard Je suis dans la merde, par hasard ! Je n'ai rien à faire, c'est le hasard qui contrôle tout. C'est tout juste si je suis fibre de mes mouvements !

L'HOMME : Bien sure que tu n'es pas libre. La liberté, c'est une illusion, une putain d'illusion. Tu es, nous sommes, tout le monde est, tout est perdu au milieu d'un concentré de hasard.

Nous sommes condamnés à survivre dans une suite d'événements, faits du hasard, faits d'événements dont la source nous est inconnue.

LA FEMME, *elle pleure doucement* : Et bien, je préférerais être coupable de quelque chose... que je sache au moins pourquoi ça m'arrive, en quoi je le mérite...

L'HOMME : Ce n'est pas le moment de philosopher !

La femme éclate en sanglot.

L'HOMME : Tu ne vas pas te remettre à pleurer. Je te l'avais bien dit : Philosopher, ça rend triste.

Tu vas arrêter... salope ?

LA FEMME, *elle s'arrête tout d'un coup de pleurer* : Comment ?

L'HOMME : C'est le seul moyen que j'aie pour te faire arrêter de pleurer. Ça fait remonter ton amour-propre à la surface. T'injurier, c'est te donner envie de réagir, de bouger, de vivre !

LA FEMME : Peut-être, mais ce n'est pas une raison !

L'HOMME : Salope !

LA FEMME : Mais...

L'HOMME : P'tite pute !

LA FEMME : Enfin...

L'HOMME : Grosse conne !

LA FEMME : Ca suffit !

L'HOMME : Tarlouze !

L'homme regarde la femme dans les yeux.

LA FEMME : Mais, enfin, ça suffit ! Ça ne va pas de me parler sur ce ton ? Il faut arrêter de disjoncter ! Moi aussi je pourrais y aller des insultes ! Grosse merde, va !

L'HOMME Ah, tu vois comme ça te fait du bien. Allez, vas-y, laisse-toi aller. Ne te retiens pas. Laisse parler l'animal agressif qui est en toi, ça va te faire du bien.

LA FEMME : Je ne peux pas.

L'HOMME : Allez, vas-y.

LA FEMME : Désolé de te décevoir, mais je ne suis pas un animal. Ce n'est pas pour moi, ça.

L'HOMME : Allez, allez...

LA FEMME : Non.

L'HOMME : Mais putain, tu vas m'insulter salope !

LA FEMME : Trou du cul ! Enculé de ta mère ! Grosse merde ! Sal...

L'HOMME : Du calme Chloé, du calme. Ça va mieux, non ?

LA FEMME : Qu'est-ce qui m'arrive ? J'ai chaud partout.

L'HOMME : C'est ton animalité qui remonte à la surface de ton épiderme. Ça fait du bien de se sentir animal, un peu. On se sent revivre, hein ?

LA FEMME : Et bien, je ne préfère pas.

On a déjà le petiot qu'est proche du mollusque, on n'a pas besoin en plus de se sentir plus animal quand on s'énerve. Ça suffit d'aimer de tout son corps une petite limace, un petit animal gluant qui trouve son origine dans ses propres entrailles.

L'HOMME : Ne te biles pas.

LA FEMME : Je ne me bile pas ! Je ne me bile pas ! Comme si j'avais besoin que le père de mon ersatz d'enfant vienne me dire de ne pas me biler ! C'est bon ! Ça va !

L'HOMME : À ce que j'en dis, moi. C'est pour toi. C'est que tu n'as pas l'air en forme. Tu devrais...

LA FEMME : Et qu'est-ce que je devrais faire !

L'HOMME : Tu devrais prendre des vacances, sans le petit, voilà !

LA FEMME : Tu penses ce que tu dis ?

L'HOMME : Oui.

Silence. La femme regarde l'homme en souriant tendrement.

LA FEMME : Oh mon chéri, je n'osais plus l'espérer. Tu es un amour.

L'HOMME : Qu'est-ce que j'ai dit ?

LA FEMME : Que tu veuilles m'offrir des vacances, je trouve ça adorable. Mais qu'en plus tu te proposes pour garder le petit, je trouve ça... inespéré.

L'HOMME : Quoi ?

LA FEMME : Juste le temps de faire mes bagages et hop ! Je suis parti.

Tiens !

Elle lui tend son sac. Il refuse de l'attraper, et fait un pas en arrière.

L'HOMME : Mais je n'en veux pas !

LA FEMME : C'est juste ton fils. Tiens !

L'HOMME : Je n'en veux pas ! Qu'est-ce qui a bien pu te faire croire que j'accepterais de le toucher ?

LA FEMME : Mais c'est toi qui...

L'HOMME : Pas du tout ! J'ai seulement dit que tu ferais bien de prendre des vacances sans l'autre merde là, c'est tout !

LA FEMME : Mais qui va le garder, si ce n'est pas toi ?

Silence.

L'HOMME : Tu n'as qu'à l'abandonner. Ou mieux encore, tu n'as qu'à le jeter délicatement aux ordures !

LA FEMME : Comment ? Mais, enfin, je ne peux pas, je... je l'aime.

L'HOMME : Ah bien sure, si tu l'aimes en plus !

Mais... mais moi aussi on peut dire que je l'aime, je l'ai toujours apprécié, quelque part. Mais justement, je pense que ça ne peut pas lui faire plus de mal d'être abandonné ou jeté, au point ou il en est. Ce serait même un service à lui rendre, mourir dans une poubelle, au milieu des détritus.

LA FEMME : Comment peux-tu oser ?

Tu t'imagines notre pauvre petit, notre pauvre petiot, au milieu des ordures, dispersé, attendant patiemment l'heure... l'heure de la fin du supplice qu'il a eu à supporter toute sa vie... heureux...

L'HOMME : Ah, tu vois ?

LA FEMME : Heureux en apparence, parce qu'au fond de lui il regretterait les bons moments.

L'HOMME : Quels bons moments ?

LA FEMME : Les bons moments ! Il y a plein de bon moment qu'il pourrait regretter.

L'HOMME Ah oui, et lesquels ?

LA FEMME : Comme... comme quand il était petit et que je l'avais félicité pour son premier "floc, floc". Tu te souviens ?

L'HOMME : Il y avait du vent. Il n'a pas fait exprès de bouger, c'est le vent qui l'a fait bouger.

LA FEMME : Tu racontes n'importe quoi, il n'y avait pas de vent. Et le petit était heureux. Je l'ai bien vue sur son visage.

L'HOMME, *intensément surpris :* Sur son quoi ?

LA FEMME : Sur son visage ! Parce qu'il a un visage, tu sais ? Un visage visible uniquement avec le cœur... Un visage poupin et radieux.

Mais toi, tu ne peux pas le voir, tu n'es pas prêt pour ça.

L'HOMME : Qu'est-ce que tu racontes comme conneries là ?

LA FEMME : Ce n'est pas ce que tu crois. Il faut le voir avec le coeur. "L'essentiel est invisible pour les yeux." Tu ne peux pas comprendre. Ça ne te paraît pas assez rationnel. Pauvre homme !

L'HOMME : Quoi ?

LA FEMME : Pauvre homme !

L'HOMME : Attends, tu me traite de pauvre homme parce que je ne veux pas croire que tu sois capable de voir un visage au milieu de cet amas de morve qui nous sert de fils ?

Parce que je ne serais pas un peu plus heureux, tu crois, d'avoir un visage de fils à contempler ? Je ne serais pas le plus heureux des pères si, une fois seulement, j'avais pu constater le sourire de mon fils sur son visage juvénile ?

LA FEMME : Mais, tu peux le voir si tu veux.

L'HOMME : Non ! Je ne peux pas le voir, car il n'en a pas. C'est tout le problème. Il n'en a pas !

LA FEMME : Alors pourquoi moi, je lui en vois un ?

L'HOMME : Tu ne lui en vois pas, tu t'imagines lui en voir un. C'est différent. Tu crois qu'il en a un.

Et tout le problème avec les croyants, c'est que je n'ai aucune possibilité de te prouver le contraire. Ça te fait plaisir qu'il te semble avoir un visage, tu en as besoin ? Tu crois dure comme fer qu'il en a un, et rien ne te rend plus heureuse ? Faudrait-il t'en dissuader en fin de compte ? Cela te rend tellement heureuse. Je ne le pense pas.

Laissons courir, laissons le bonheur t'emplir à chaque fois que tu regardes ton enfant. Laisse-toi bercer par les limbes de l'illusion, si c'est un bien pour toi.

LA FEMME : Pourquoi tu me dis tout ça ?

L'HOMME : C'est vrai ! Pourquoi je te dis ça ? Ça ne sert qu'à te faire douter de ton bonheur. Ça m'est inutile, et ça t'est néfaste.

Je ferais bien de fermer ma grande gueule, mais c'est plus fort que moi

LA FEMME, *elle se met à pleurer :* Pourquoi tu parles d'illusions ? Les limbes de l'illusion, tu as dit.

L'HOMME : Je m'excuse ! Oublie tout ce que j'ai dit. Ce n'est rien. Bon parlons d'autre chose.

Est-ce que tu as lu que Walter Rubinstein s'était remis boire, comme trou qu'ils disent.

LA FEMME, *elle sèche ses larmes* : Ah...

L'HOMME : Si ce n'est pas malheureux, un homme pareil.

LA FEMME : Ah bon.

L'HOMME : À son âge ! Je ne comprends pas comment on peut en arriver, là.

LA FEMME : Moi aussi.

L'HOMME : Ce n'est pas permis !

LA FEMME : Moi non plus.

Silence.

L'HOMME : Tu recommences. Tu cherches à m'irriter ? Tu te fous de ma gueule !

LA FEMME : Non !

L'HOMME : Si ! Je l'entends bien, Tu te fous de ma gueule ou tu ne m'écoute pas, c'est l'un ou l'autre.

LA FEMME : Je... je me fous de ta gueule.

L'HOMME C'est ce que je disais. J'ai encore raison. Ca devrait te mettre la puce à l'oreille, j'ai toujours, je dis bien, toujours raison ! Alors quand je dis que tu fabules, c'est que tu fabules. Ce n'est pas compliqué, j'ai toujours raison !

LA FEMME : Je me fous de ta gueule, parce que ça fait un moment que tu ne fais que raconter des mensonges. Et ça commence à sérieusement m'agacer de devoir t'écouter déblatérer tes conneries !

L'HOMME : Mais je...

LA FEMME : Je n'ai pas fini !

Alors écoute-moi bien, mon cher. Tu vas cesser de raconter de misérables insanités ou bien moi je vais m'énerver !

Silence.

L'HOMME : Je ne comprends pas. Je ne comprends pas. Je ne comprends rien !

LA FEMME : Tu ne comprends rien ? Tu ne comprends rien ! Alors ça c'est trop fort !

Voilà un moment que tu essaies de me faire comprendre que ce à quoi je dédie ma vie n'est que pure illusion, ce pourquoi j'ai encore le courage de survivre, l'amour de mon enfant, de mon petit bout, tout cela n'est qu'illusion !

Tu veux me faire croire que ma petite boule de tendresse n'a jamais eu de visage, que j'ai été bercé dans l'illusion qu'elle en avait un. Mais en définitive ce n'est qu'une petite boule de morve !

Alors que tu ne comprennes rien, je m'en fiche, car moi je comprends. Je comprends que tu es jaloux de mon bonheur, et que tu as tout mis en oeuvre pour l'anéantir. Jaloux des moments de pure félicité que je connais auprès de mon fils, jaloux pour toutes les fois où il m'a fait sentir qu'il m'aimait. Je te déteste. Je te déteste car tu m'es néfaste.

Tu me rends malheureuse.

L'HOMME : Excuses-moi ! Je ne dis que la vérité, la vérité toute nue... l'ignoble vérité.

LA FEMME : Qu'ai-je à faire de la vérité ? Ce n'est pas la vérité qui m'aidera à vivre. Du moins si elle ressemble à ça.

L'HOMME : On ne choisit pas à quoi elle ressemble. C'est la vérité, c'est tout !

LA FEMME : Et bien, je veux vivre sans jamais la connaître, la vérité.

L'HOMME : Mais... Mais la vérité, c'est tout ! Quel intérêt trouves-tu à vivre si ce n'est pour la quête de la vérité ?

LA FEMME : Je n'ai pas besoin de vérité, seulement des moments de bonheur.

Silence.

L'HOMME : Mais que fais-tu... que fais-tu du besoin le plus intime de l'homme, de connaître, d'approcher la vérité ?

LA FEMME : Je te le répète, tout ce qui m'intéresse c'est de connaître, le plus souvent possible, des moments de bonheur. C'est tout ce dont j'ai besoin pour vivre. Et c'est surtout ce qui m'est indispensable pour survivre.

L'HOMME : Je ne te comprends pas.

Moi, je vis pour la quête de cette vérité qui se dérobe à chacun de mes pas. C'est ce qui me fait avancer vers les lumières de la connaissance. Je cherche, je passe mon temps à chercher, pour comprendre, et ceci pour me permettre, un jour, d'effleurer enfin... l'absolu !

LA FEMME : Et pourquoi, s'il te plaît ?

L'HOMME : Pour savoir pourquoi je vis ?

LA FEMME : Et pourqu...

L'HOMME : Allez, ça suffit ! Je veux savoir pourquoi je suis sur cette planète à me morfondre sur mon enfant difforme. Pourquoi il est arrivé, chez moi, qui n'avait rien demandé, cet extrait de foetus répugnant, par l'orifice qui m'a concédé tant de bonheur passé ? Pourquoi suis-je là, en ce moment, dans ce wagon-restaurant à débattre de l'utilité de la vérité ?

LA FEMME : Et tu penses que ça va te permettre de vivre heureux ?

L'HOMME : Je ne sais pas si ça va me permettre de vivre heureux, mais ça va me permettre de vivre en connaissance de cause.

LA FEMME : Et l'utilité de ça ?

L'HOMME : Mais... comment peux-tu me demander ça ? Ça me paraît tellement... trivial. Enfin, c'est l'évidence même ! Il n'y a pas de raison de se poser cette question.

LA FEMME : Oui ?

L'HOMME : Mais oui, évidemment !

Silence.

LA FEMME : Et alors, tu as compris pourquoi nous sommes là, comme deux imbéciles, à disserter sur l'avenir de notre tas de gel de fils ?

L'HOMME : Et bien, en quelque sorte.

LA FEMME : Bien, je t'écoute.

L'HOMME : Et bien... et bien. Je vais essayer d'être clair et métaphorique à la fois.

C'est... c'est une sorte d'épreuve que nous envoie mère nature. Elle s'était aperçue, dans son infinie sagesse, qu'on s'élevait au-delà de toute mesure dans les strates du bonheur, qu'on était de plus en plus heureux. Et v'la-t-y pas qu'elle se dit dans son fort intérieur "vaudrait mieux qu' ils descendent un petit coup, maintenant, pour qu'il n'ait pas finalement a chuter de toute la hauteur plus tard". C'est pourquoi...

LA FEMME : Si c'est ça que tu as compris après ta longue quête de vérité...

L'HOMME : C'est pourquoi, elle a décidé de nous donner en garde un extrait biologique de petit garçon, pour qu'on tâte un peu de difficultés. Voilà.

LA FEMME : Un peu de difficultés ?

L'HOMME : Oui. Ça aurait pu être pire.

LA FEMME : Ça, je ne vois pas comment.

Silence.

L'HOMME : Ça aurait pu être une petite fille !

Avec toutes les emmerdes que cela suppose, les premiers flirts, les retours le soir au-delà de 10 heures, la contraception, les maniaques sexuels, les premiers boutons d'acné, la liposuccion, les régimes amaigrissant, les infections sexuellement transmissibles, le mariage...

LA FEMME : Le mariage ?

L'HOMME : Oui, le mariage.

LA FEMME : Mais... mais on est marié.

L'HOMME : Ah tu vois qu'est-ce que je dis, et le premier enfant aussi !

LA FEMME : En fin de compte, tu souhaiterais plutôt remercier "mère nature" de nous avoir offert un petit attardé physique et mental, un amas de chairs biologiques de sexe mâle, plutôt qu'une petite fille tout ce qu'il y a de plus normale.

L'HOMME : Oui. Mais tu ne peux pas comprendre, tu es toi-même une femme...

LA FEMME : Oh, mon dieu ! Je suis une femme !

L'HOMME : Et oui ! Et tu as été, avant, une petite fille.

LA FEMME : Et ?

L'HOMME : Tu ne peux pas comprendre, tu es une femme.

LA FEMME : Tu commences à m'énerver avec tes insinuations. Je voudrais te faire remarquer qu'au moins la moitié de la population est de sexe féminin. Et que nous ne nous en portons pas plus mal.

Alors si tu veux insulter la moitié de la population, cela ne tient qu'à toi...

L'HOMME : Mais je ne t'insulte pas. Je parle juste. Si on ne peut plus parler maintenant...

LA FEMME : On ne peut pas tout dire !

L'HOMME : Mais...

LA FEMME : On ne peut pas tout dire !

L'HOMME : Mais je...

LA FEMME : Alors ça non, on ne peut pas tout dire !

Silence, la femme et l'homme regardent distraitement le décor.

Soudain un fort gargouillement se fait entendre. La femme reste interloquée.

LA FEMME : Il parle !

L'HOMME : Comment ?

LA FEMME : Notre fils, il parle ! Alléluia, in excelsis deo ! Il parle, il parle !

L'HOMME : Tu appelles ça parler, toi ?

LA FEMME : C'est un miracle !

L'HOMME : J'appelle plutôt ça un... gargouillement ?

LA FEMME : Mais non, il a parlé. Il m'a appelée maman... maman...

L'HOMME : Mais tu délires là. Ce qu'on a entendu, c'est juste un bruit de digestion !

LA FEMME : Ce n'est pas vrai.

Prions. *(Elle se met à genoux.)*

L'HOMME : Mais relève-toi, tout le monde te regarde. Relève-toi !

La femme, dans une attitude très pieuse, murmure des prières.

L'HOMME : Mais puisque je te dis que ce n'était qu'un gargouillement, un bruit émis par son estomac au passage d'une substance nourricière. Tu l'as nourri dernièrement ?

Mais enfin, Chloé, tu ne vas pas te mettre à croire en une intervention divine pour une chose pareille ? C'est trop bête

Bien sûr que ça s'explique naturellement. Il n'y a pas besoin de faire appel au surnaturel pour l'expliquer.

Chloé ! Chérie ! Réponds-moi !

Mais enfin, s'il avait fait son rot alors que tu n'étais pas autour, cela aurait eu moins de retentissement ! Ça devait arriver, le premier rot, c'est naturel...

LA FEMME : Tais-toi ! Tais-toi ! Si tu n'es pas capable de voir quand Dieu intervient, et bien je te plains. Mais aie au moins du respect pour ceux qui ont ressenti la marque de la présence de Dieu.

L'HOMME : Mais quelle marque ? Il a juste roté. Si tu vois la marque de la présence de Dieu à chaque fois que le petit rote, on n'a pas fini !

LA FEMME : Laisse-moi seule. Je n'ai pas besoin d'un être maléfique pour me faire douter. Va-t'en démon ! Laisse-moi seule !

L'HOMME : Mais chérie, mon amour, reprends-toi !

LA FEMME : Vade retro satanas !

L'HOMME : Allons, un peu de jugement...

LA FEMME : Vade retro satanas !

L'HOMME : Mais, bon dieu ! Tu vas te reprendre !

LA FEMME : Blasphémateur !

L'HOMME : Ecoute Chloé, Ça suffit comme ça ! Tu vas te reprendre maintenant !

La femme se met à pleurer.

LA FEMME : Pourquoi me fais-tu ça ? Pourquoi, pourquoi ?

L'HOMME : C'est pour ton bien. C'est pour ton... Parce qu'il ne faut pas que tu tombes dans les méandres obscurs de l'illusion.

LA FEMME : Tu es jaloux ! Tu es jaloux de moi à qui le seigneur a fait un signe.

L'HOMME : Un rot, à qui le seigneur a fait un rot.

LA FEMME : Tu ne respectes rien !

L'HOMME : Mais si, je respecte des tas de choses. Mais quand mon fils fait un rot, je n'ai rien à respecter. Et surtout pas la soi-disant intervention d'un être supérieur, un être qui se permet tout, même de nous taquiner en nous envoyant en guise d'enfant un nodule de chair.

LA FEMME : Et bien, si tu es si sûr de toi, prouve-moi que ce n'était pas un signe de notre seigneur !

L'HOMME : Quoi ? C'est à moi de prouver ?

LA FEMME : Ah, tu vois.

L'HOMME : Je vois quoi ? Je te l'ai déjà dit, c'est un rot, un rot ! Je ne peux rien te dire d'autre, ça arrive. Après qu'il ait mangé, tu risques d'en avoir des tas de signes de dieu.

LA FEMME : Mais là, dans ce cas, à ce moment-là, devant moi ?

L'HOMME : Le hasard.

LA FEMME : Ça ne veut rien dire. S'il avait fait son rot alors que je fusse aux toilettes, alors là ça aurait été du hasard. Mais devant nous, comme ça, au moment où je me mettais à douter ?

L'HOMME : Il avait autant de chance de le faire à ce moment-là qu'à un autre moment.

LA FEMME : Mais il l'a fait à ce moment !

L'HOMME : Comme

LA FEMME : Il aurait pu le faire à un autre moment, mais il l'a fait à ce moment précis !

L'HOMME : Mais tu...

LA FEMME : Alléluia ! Gloire à Dieu au plus haut des cieux !

L'HOMME : Mais, tu as bientôt fini de délirer !

LA FEMME : Hosanna !

L'HOMME : Tu as bientôt fini !

LA FEMME : Je suis heureuse, et rien ne pourra plus m'attrister !

L'HOMME, *blasé* : Et bien tant mieux pour toi.

LA FEMME : Ah, tu vois, tu te rends compte de ton erreur.

L'HOMME : Mais oui, mais oui.

LA FEMME : Tu t'es rangé à l'évidence, voilà qui est une bonne chose. Car un dieu qui est capable de faire parler les enfants mérite toutes les attentions. Un dieu qui apporte l'espoir aux parents désespérés est un dieu louable. Il m'a aidé alors que je doutais. Il m'a montré sa force, sa miséricorde, au moment où j'en avais le plus besoin.

L'HOMME : Mais oui, mais oui.

LA FEMME : Que se passe-t-il ? Tu ne sembles pas être heureux de la nouvelle que je t'apporte ? Crois-y et le bonheur sera devant toi, tu pourras enfin l'effleurer.

L'HOMME : Mais oui, mais oui.

LA FEMME : Mais enfin, dit quelque chose d'autre, réagis !

L'HOMME : Je suis triste parce que je sais que ta voie est la plus simple et sans doute la meilleure. Mais je ne peux m'y engager, car elle contredit tout ce à quoi j'ai dédié ma vie, à savoir la vérité.

Croire en Dieu est une douce illusion qui aide à vivre. Mais c'est une illusion. Et je me suis juré d'éviter au possible toute forme d'illusion. Même celles qui m'apporteraient le bonheur absolu...

LA FEMME : Mais ce n'est pas une illusion, c'est la vérité !

L'HOMME : Bienheureux ceux qui pensent cela. Bienheureux les pauvres d'esprit.

LA FEMME : Tu m'insultes, là ?

L'HOMME : Mais non ! Je dis que tu es heureuse et que tu as bien raison d'en profiter.

LA FEMME : Oui, mais tu as dit, en parlant de moi, "pauvre d'esprit". C'est une insulte, oui ou merde ?

L'HOMME : Mais ne le prends pas sur ce ton, tu veux bien ? Parce que des insultes, je peux en trouver !

LA FEMME : Moi aussi !

L'HOMME : Putain !

LA FEMME : Enculé !

L'HOMME : On n'est pas idiot, là ?

LA FEMME : Poufiasse ! Non, ça c'est féminin.

L'HOMME : On est idiot, là ! À chaque fois c'est la même chose. Ça finit par des insultes.

LA FEMME : Merdeux. Ça, c'est masculin.

L'HOMME : Bon, je le dis comme je le pense, si tu veux croire en l'intervention divine, et bien c'est ton problème. Plonge-toi allégrement dans les plaisirs prodigués par l'illusion. C'est ton problème !

LA FEMME : Mais ce n'est pas une illusion ! J'en ai la ferme conviction. Je le sais... J'ai entrevu la vérité en rêve.

L'HOMME : Arrête.

LA FEMME : Mais enfin, écoute-moi, je te dis que je l'ai vue.

L'HOMME : Arrête, arrête de délirer, tu me fais de la peine.

LA FEMME : C'est impossible que tu sois aussi têtu. Dis tout de suite que je suis folle... oui, folle. Que je suis folle !

L'HOMME : Non, non, tu n'es pas folle, tu te laisses simplement un peu trop entraîner sur les terrains mouvants de l'illusion.

LA FEMME : Mais pourtant je... je le sais. Qu'est-ce que cette grande joie qui m'emplit à chaque fois que je repense à ce moment mémorable du premier mot de mon enfant, si ce n'est la grâce de Dieu ?

L'HOMME : Qu'est-ce que tu entends par grâce de Dieu ? Si c'est le moment de bonheur intense dont tu te remémores l'occurrence, je suis d'accord. Mais si c'est l'intervention d'un être supranaturel et anthropomorphe dans tes pérégrinations, alors la je reste dubitatif.

LA FEMME : Pourtant au catéchèse, on nous a appris que Dieu pouvait intervenir dans tout ce qu'on faisait.

L'HOMME : Mais on t'a enseigné une éthique de vie ! Croire que tu pouvais dédier chacun de tes actes à un être supra naturel, supra humain, ça t'évitait les débordements. C'est une bonne façon de t'inciter à faire ce qui est en adéquation avec ce que veulent les puissants, ceux qui ont le pouvoir.

LA FEMME : Ah ah ! Et parce que ce sont ces gens-là qui ont tapoté dans le dos de mon enfant, pour que celui-ci fasse son petit rot ?

L'HOMME, *qui s'énerve* : Mais non ! Tu le fais exprès ou quoi ?

LA FEMME : Ne me crie pas dessus, tu veux bien ?

L'HOMME : D'accord, mais fait un effort !

Silence.

LA FEMME : Je ne comprends pas pourquoi tu me prends de haut. À ta place je serais moins fier.

L'HOMME : Pourquoi ?

LA FEMME : C'est tout de même ta faute, ta très grande faute, si Dieu est obligé de me faire un signe pour que je m'arrête enfin de douter.

L'HOMME : Quoi ?

LA FEMME : Oui, même que tu y as pris un certain plaisir, non ?

L'HOMME : Alors là, c'en est trop ! Tu n'y as peut-être pas pris du plaisir, toi ? En tout cas tu avais l'air d'en prendre.

LA FEMME : Je simulais.

L'HOMME : Comment ! Tu veux dire que tu n'as pas eu...

LA FEMME : Et non... Ça t'en bouche un coin ! Ça met un coup à tes prétentions d'amant hors du commun ?

L'HOMME : Et pourquoi... pourquoi simulais-tu le plaisir ?

LA FEMME : Parce que je voulais que tu sois heureux. Je voulais un enfant de toi.

L'HOMME, *à part :* Tu l'as eu.

LA FEMME : Comment ?

L'HOMME : Je dis que tu l'as eu... l'enfant.

LA FEMME : J'espère que tu te rends compte de ce que tu dis là.

Comme si je désirais obtenir une petite boule de morve en lieu et place d'un petit bipède céphalien.

Moi qui rêvais d'un enfant prodige, apte à la vie fabuleuse que je lui préparais. Je désirais plus que tout qu'il s'élève au-dessus des autres, un être différent par les capacités de son entendement, plus que cela, un enfant ravissant qui entraînerait tous ceux qui le regarderaient à la contemplation et à l'admiration.

L'HOMME, *ébauchant un sourire :* Tu dois être déçu, non ?

LA FEMME : Plaisante, vas-y, ris donc de notre malheur ! Ce n'est pas toi qui, un matin, t'est réveillé aux côtés de cet amas de chairs biologiques.

Tu n'as pas connu le désarroi faisant suite à l'envie d'en finir. Quand tu vois que ton fils ne sera jamais debout, tu déprimes.

L'HOMME : Rien ne nous dit qu'il n'ait jamais été debout. C'est peut-être sa manière à lui d'être debout.

LA FEMME : Que tu trouves encore la force de plaisanter.

L'HOMME : Mais je suis tout ce qu'il y a de plus sérieux ! Tu lui connais des jambes, toi ? Alors, c'est peut-être comme ça qu'il se tient debout.

LA FEMME : Tu ferais mieux de te taire.

SCÈNE 2

Le garde anglais pousse la porte de l'extrémité du wagon, et pénètre dans celui-ci. Il semble perdu, regarde autour de lui, arrive au niveau de la table de l'homme et de la femme.

LE GARDE, *doucement, avec un fort accent bourguignon* : Je ne fais que passer.

L'homme et la femme le suivent des yeux, un peu interloqué.

Le garde sort par la porte opposée à celle par laquelle il est entré.

SCÈNE 3

La femme devient triste. L'homme y a fait attention. Il se reprend, sourit.

L'HOMME : Ne sois pas triste. Tu ne vas tout de même pas te morfondre dans ton malheur. Souris ! Ça te fera du bien.

LA FEMME : Je ne peux pas...

L'HOMME : Allez souris !

LA FEMME : Ah parce que tu crois que j'ai le coeur à sourire ! Tu penses qu'il faut le prendre avec humour, car ça aurait pu titre pire.

Ça, je ne vois pas comment. À mon avis ça n'aurait pas pire si ça avait été une fille, la même boule de pue à contempler. Plus de trous peut-être ? Ou si... ça aurait pu être pire... si ça avait été des jumeaux. Deux petits tas de morve ! Ou mieux, des triplés. Trois petites boules de glu ! Ou encore mieux, des quadruplés, des quintuplés... cinq... cinq télencéphales, cinq simples structures nerveuses embryonnaires, cinq télencéphales !

L'HOMME : Et tu n'en as qu'un, estime-toi heureuse !

LA FEMME : Oui mais si j'en avais eu cinq, je m'estimerais heureuse de ne pas en avoir eue six. Et si j'en avais eu six, je m'estimerais heureuse de ne pas en avoir eue sept. Et si j'en avais eu sept, je m'estim...

L'HOMME : C'est bon, c'est bon ! J'ai compris. Mais ça prouve au moins que tu peux être heureuse de n'être pas plus malheureuse.

LA FEMME : Ça me rassure.

L'HOMME : Enfin, écoute ! Il y a toujours la possibilité d'être plus malheureux comme il y a toujours la possibilité d'être plus heureux, alors réjouis-toi de ton bonheur au lieu de te morfondre de ton malheur, ça te servira plus !

LA FEMME : Mais ça m'oblige à regarder en bas.

L'HOMME : Oui, mais ça te permet de vivre heureux !

LA FEMME : Mais ça m'oblige à regarder en bas !

L'HOMME : Que t'importe de regarder en haut, en dessous ou de côté, du moment que tu es heureuse !

Silence. La femme commence à pleurer.

LA FEMME : Oui, je suis heureuse... heureuse de n'avoir eu qu'un enfant afforme. Heureuse de vivre dans un monde moins pire que possible. Heureuse de vivre une vie moins malheureuse que celle que j'aurais pu vivre.

Heureuse, oui je suis heureuse avec mon petit... mollusque, qui me fait office d'enfant.

Je pourrais me convaincre éternellement d'avoir eu de la chance dans ma vie. Je ne peux, toutefois, m'ôter de la tête l'idée qu'il y a quelque chose d'injuste dans ce qui m'arrive.

Pourquoi est-ce que ma vie est sordide, pourquoi ai-je mérité une telle vie, et surtout, pourquoi ai-je conscience de la particularité, qui m'est définitivement néfaste, de ma sordide vie ? Cela me rend tellement malheureuse.

Mais je suis heureuse, lorsque je regarde au-dessous de moi, et que je peux voir qu'il y a encore plus malheureux, plus miséreux, de cette misère qui ronge le coeur des hommes jusqu'à leur ôter la volonté de vivre. Oui, je suis heureuse d'être moins malheureuse que d'autres, de continuer, de m'accrocher a la vie.

L'HOMME : On ne se sent pas plus légère ainsi ?

Silence.

LA FEMME : Si.

L'HOMME : Ah c'est agréable de parler avec des gens heureux ! Voilà qui est bien, retrouver le courage d'affirmer que l'on est heureux ! Enfin, une femme qui ose le dire !
Je suis heureux, moi aussi, de te savoir heureuse.
Je suis heureux de vivre dans un monde étonnant, un monde qui peut nous

réserver des surprises à chaque instant. Vous attendiez tous un génie adorable ? Voilà un petit de limace à sa place, une petite boule de sueur, pour jouer !

On vous avait prévenu ! La vie réserve parfois des surprises.

Si bien que, j'accepte toutes les épreuves qui se présentent à moi, avec plaisir, avec le sourire. J'attends même avec impatience celles de ces épreuves qui vont avoir pour conséquences de bouleverser le déroulé tranquille de ma vie. Je suis prêt à recevoir du chaos environnant la substance, la moelle impérieuse, qui détrônera avec largesse la tranquillité de ma petite vie. Je suis prêt à y participer ouvertement, honnêtement et... consciemment.

Car je suis heureux et fier d'être encore, pour un temps, vivant.

Viens là que je t'embrasse.

L'homme se lève et attrape la femme qui continue à pleurer. Il l'étreint avec force.

Et pendant que le rideau s'abaisse doucement, il l'embrasse avec fougue et passion.

FIN DE L'ACTE III ET FIN DE LA PIÈCE

www.ingramcontent.com/pod-product-compliance
Lightning Source LLC
Chambersburg PA
CBHW061328040426
42444CB00011B/2822